Ich tanze, Gott, für dich

Mireille Nègre

Ich tanze Gott für dich

Ein Glaubenszeugnis

Eingeleitet von Michel Cool

Matthias-Grünewald-Verlag · Mainz

Die Orignialausgabe erschien unter dem Titel „Je danserai pour toi"
im Verlag Desclée de Brouwer, Paris.

Aus dem Französischen von Jakob Laubach

CIP-Kurztitelaufnahme der Deutschen Bibliothek

Nègre, Mireille:
Ich tanze, Gott, für dich: e. Glaubenszeugnis /
Mireille Nègre. [Aus d. Franz. von Jakob Laubach]. —
Mainz: Matthias-Grünewald-Verlag, 1985
Einheitssacht.: Je danserai pour toi ⟨dt.⟩
ISBN 3-7867-1205-0

2. Auflage 1986

© 1985 Matthias-Grünewald-Verlag, Mainz
Umschlag: Peter Offenberg Grafik (Foto: Marie-Paule Nègre Agence Rush)
Satz: Roddert Fotosatz, Mainz
Druck und Bindung: Echter Würzburg
Fränkische Gesellschaftsdruckerei und Verlag GmbH

Inhalt

I. An der Opéra in Paris

Der fast tödliche Unfall 9

Der Arzt rät zum Tanzen 12

Der Vater erfüllt den Traum seiner Tochter . . . 14

„Wenn die Ärzte dich so sehen ..." 16

Wie ich den Schmerz zu bezähmen lernte 18

Die Erfahrung der alltäglichen Gewalt 21

Meine erste große Enttäuschung 24

Hier war das Ziel 27

Ein königliches Geheimnis 28

Erstmals im Rampenlicht der Öffentlichkeit . . . 29

Meine Technik zur Überwindung der Unfallfolgen . 35

War ich wirklich leidenschaftlich begeistert von meiner
Kunst? 37

Erste Tänzerin der Opéra 40

Wozu tanze ich überhaupt? 41

Ein unerhörter geistiger Durst 43

Kein Buch erreichte mein Herz 45

Da war also mein Licht: Jesus 47

Großvater, mein „Vorläufer" 49

Man hatte mir die Garderobe in der Opéra genommen 51

Erster Kontakt mit dem Karmel 55

An eine Psychologin verwiesen 58

„Noviziat" beim Großvater 60

II. Der Karmel

„Verrückt" nach Gott 64

In tiefem Glück 66

Ein seelischer Aufruhr brach aus 72

Die Meinen jubeln und tanzen vor Freude   75
Der Körper etwas Unerwünschtes bei der Gottes-
verehrung?   78
Zeichnen und Geschichten schreiben   81
  Der Clown Blauundweiß   82
  Blühe wo immer du bist   85
„Die Gnade zerstört die Natur nicht, sondern vollen-
det sie"   86
Beten mit dem Körper   88
Tanz als befreiende Selbstbeherrschung   90
Der dreifaltige Gott ist Tanz   91
Tanzen — Entdecken des äußeren und inneren Raumes   93
Tanzen gibt der Begeisterung Form   95
Tanzen kann alles verlassen heißen   97
Beim Tanzen wird man selbst Gebet   99
Beten und Leiden gelernt 101
Zeigt Gott mir ein anderes Land der Verheißung? . . 105

III. Die Zukunft tanzen

Langsam kommt Mireille wieder zu Kräften 108
Tanzen mit Kindern — und den Müttern 110
Tanzen für Gott — im Fernsehen 116
Tanzen in Rom 123
Begegnung mit Johannes Paul II. 126
Abschied von Vouvant und neue Aufgaben 127
Tanzen im Kloster 129
Gott hat mir den Körper einer Frau gegeben . . . 130
Askese als äußerste Hingabe meiner lebendigen Kräfte 133
Mein Tanz soll die Menschen einen Augenblick Gott
näherbringen 134
Die Kirche mit dem Tanzen wiederversöhnen 135

Zum erstenmal traf ich Mireille Nègre an einem Tag im Frühling 1983 im XIV. Arrondissement in Paris. Im Herzen der „Landschaft" ihrer Kindheit: Parc Montsouris, Cité universitaire, Avenue Reille. Mir war dies nicht bewußt. Doch ich hatte sie kaum begrüßt, da waren wir schon lebhaft damit beschäftigt, im Speicher ihrer Erinnerungen zu stöbern.

Ich schaute ihr zu, wie sie ihre Kindheit erzählte. Ja, ich schaute buchstäblich zu. Meine Aufmerksamkeit galt nicht nur den Worten, die ich hörte. Ich konnte auch mancherlei ablesen aus ihrem erstaunlich lebendigen Gesicht, an ihren Händen, die beseelte Figuren zeichneten. Sie berichtete über ihre Vergangenheit nicht wie jemand, der Beileid heischt. Kein Bedauern, keine Nostalgie, keinerlei Bitterkeit bei Mireille. Nein, sie erzählte mir von ihrer Kindheit, als habe sie sie niemals verlassen. Es ist immer ein wenig verwirrend, einem Erwachsenen zu begegnen, dem die Kindheit noch so nahe ist.

Meine Verwunderung dauerte nicht lange. Mireille erklärte mir, sie habe heute das starke Empfinden, eine neue Kindheit zu erleben, mit 40 Jahren neu geboren zu werden.

Doch welche Erschütterungen, welche dramatischen Wendungen hat sie in all diesen Jahren erleben müssen. Mit zwei Jahren wurde sie das Opfer eines schweren Unfalls. Sie war dem Tode nahe. Mit acht Jahren trat sie ins Opernballett ein und verzichtete damit auf eine „glückliche Kindheit". Mit 28 Jahren ließ sie alles hinter sich und trat in den Karmel ein. Und heute? Ihr Abenteuer geht weiter. Mireille ist in die Öffentlichkeit zurückgekehrt, um tanzend „ihre Freude zu bezeugen". Eine Freude, die nicht aus der Überheblichkeit oder Experimentierlust stammt. Diese Freude kommt vom lebendigen Gott, der sie beseelt, den sie tanzend ahnen läßt.

Mireille Nègre trägt zu Recht ihren Namen. Er erinnert an die Anmut und Ausdrucksfähigkeit der schwarzen Tänzer. Er verweist auf Sonne, Arles und Südfrankreich. Die Heimat ihres Vaters. Mireille Nègre — eine Begegnung von Kunst und Licht. Lebendiges Bild ohne Schatten. Transparent. Aber nicht ohne Geheimnis ...

I. An der Opéra in Paris

Der fast tödliche Unfall

Die erste Erinnerung an meine Kindheit, und zwar überdeutlich, ist der Tag, an dem ich den Unfall mit meinem Fuß hatte. Damals war ich zwei Jahre alt. Ich erinnere mich genau an alles, es ist wie eine Reihe von Blitzlichtaufnahmen. Wir hatten, meine Eltern und mein zwei Jahre älterer Bruder, im Park Montsouris einen Spaziergang gemacht. Bei der Rückkehr in unsere Wohnung nahmen wir den Aufzug. Nur mein Bruder benutzte die Treppe. Vielleicht wollte er als erster an der Wohnungstür sein. Er lief gerne mit dem Aufzug um die Wette. Ich fand das sehr amüsant. Ich riß mich im Fahrstuhl plötzlich von der Hand der Mutter los, setzte mich auf den Boden und streckte meine Beine aus. Ich dachte wohl in meinem Kinderkopf, ich könnte damit meinen Bruder, der mich hinter der Gittertür neckte, mit den Füßen treffen. Damals hatten die Fahrstühle noch solche Gittertüren. Mein linkes Bein war also außerhalb des Gitters, und als der Aufzug anfuhr, wurde mein Fuß an der Außenwand zerquetscht. Ich erinnere mich sehr gut, daß der Aufzug sofort stehenblieb. Ich begann zu weinen. Aber nicht laut. Ganz still ... Meine Mutter schrie vor Schrecken durchs ganze Treppenhaus. In der allgemeinen Aufregung wurde ich so rasch wie möglich ins Kinderkrankenhaus gebracht. Ich sehe noch heute vor mir die Wachsoldaten mit Gewehren, die meinen Kinderwagen umstanden, als wir am Eingang des Krankenhauses ankamen. Und ich sehe noch, als sei es gestern gewesen, den kleinen Glasbehälter vor mir, in den man mich gelegt hatte. Ich wurde sofort in den Operationssaal gebracht und mit einer Äthermaske eingeschläfert. Sie glauben es vielleicht nicht: Aber ich erinnere mich noch genau der Träume, die ich während der Operation hatte. Ich sah Tausende von Luftballons in allen Farben, die rings um mich in den Himmel aufstiegen. Das war märchenhaft! Als ich nach der Operation aufwachte, kam eine Krankenschwester und sagte, Mama sei draußen und möchte ins Zimmer kommen. Damit war ich aber keineswegs einverstanden. Ich wollte zu ihr hinausgehen. Ich benahm mich derart unerträglich, daß die Krankenschwester mich aus dem Bett nahm und mir meine Mutter durchs Fenster zeigte.

Medizinisch gesehen war mein Fuß verloren. Er war völlig zerquetscht und hätte normalerweise amputiert werden müssen. Der Wundbrand war schon weit fortgeschritten. Am Tag nach dem Unfall war mein Fuß vollständig schwarz. Aber ich hatte eine unerhörte Chance: das Penicillin. Ohne Penicillin hätte ich mein Bein und sicher auch das Leben verloren. 1945 begann man gerade, mit Penicillin zu behandeln. Nur wenige Ärzte hatten Erfahrung damit. Meine Eltern haben einen bekannten Chirurgen konsultiert, der bereit war, Penicillin anzuwenden. Das war wirklich Rettung im letzten Augenblick, denn der Wundbrand begann sich in meinem ganzen Körper auszubreiten. Ich muß sagen, daß meine Eltern sich an einen Chirurgen gewandt hatten, der sich als wahrer Künstler in seinem Fach erwies. Er war außergewöhnlich. Als er meinen Fuß sah, den man eigentlich hätte amputieren müssen, sagte er sich, man müsse versuchen, ihn zu retten. Er hat ihn siebenmal operiert. Das Ergebnis war wunderbar. Mein Fuß war gerettet. Ja, mehr noch, er hat ein wahres Kunstwerk vollbracht und ihn vollständig wiederhergestellt. Abgesehen von zwei Zehen, die abgenommen werden mußten, hatte mein Fuß wieder eine, sagen wir, menschliche Form gefunden. Wenn heute Ärzte die Röntgenaufnahmen von meinem Fuß ansehen, sind sie sprachlos. Sie stehen staunend, wie vor einem Meisterwerk. Diesem Chirurgen bin ich nicht nur dankbar, ich bewundere ihn. Denn die Wette, ein buchstäblich zertrümmertes Glied zu retten, schien von Anfang an verloren. Er hat mit Mut, Geschick und Willenskraft einen außerordentlichen Erfolg errungen.

Nach drei langen Monaten im Kinderkrankenhaus konnte ich nachhause zurückkehren. Ich war verrückt vor Freude, daß ich wieder bei meinen Eltern, meinem Bruder, in meinem Zimmer sein konnte. Ich hatte plötzlich fast vergessen, daß ich behindert war! Ich habe sehr darunter gelitten, daß ich mich mehrere Monate nicht bewegen durfte. Freilich, ich war ja erst zwei Jahre alt! Ich vergaß, daß das kleine Meisterstück meines Chirurgen eine sehr zerbrechliche Sache war. Ein falscher Schritt konnte es vernichten. Ich durfte den operierten Fuß noch nicht bewegen und schon gar nicht auf den Boden setzen. Und ich war ja bekannt als eine, die ständig in Bewegung war!

Schon im Mutterleib muß ich unruhig gewesen sein. Mama hat mir erzählt, daß sie, als sie mit mir schwanger war, regelmäßig mit meinem Vater sonntags zur Messe ging. Und jedesmal rumorte ich so in ihrem Leib, daß sie vor Schluß der Messe die Kirche verlassen mußte.

Unruhig war ich also schon im Mutterleib. Eine Eigenschaft, die ich gerne losgeworden wäre. Denn, im Vertrauen gesagt, diese Unruhe führte dazu, daß meine Eltern nicht mehr den Mut hatten, zur Messe zu gehen.

Zum Glück wurde ich für die auferlegte Geduld entschädigt. Die Heilung meines Fußes ging voran. Wie war Mama entzückt, als sie sah, daß ich meine Fußzehen ohne Schmerzen bewegen konnte — lange vor dem Ende der verordneten Bewegungslosigkeit. Bald konnte ich wieder gehen. Und sogar laufen! Und seltsam, ich habe nie gehinkt. Eines Tages brachte mich der Chirurg in einen großen Hörsaal der Medizinischen Fakultät von Paris. Er erläuterte den Studenten meinen Fall ausführlich. Bald danach konnte ich wieder in den Park Montsouris, meinen geliebten Garten, zurückkehren. Trotz des „Wehwehchens" an der Kralle konnte Papas „kleiner Vogel" wieder die Alleen entlang laufen.

Der Arzt rät zum Tanzen

Damals gab ein Arzt meinen Eltern den Rat, ich solle zur Erreichung der vollen körperlichen Leistung tanzen lernen. Er ahnte sicher nicht, daß er durch seinen Vorschlag mein ganzes weiteres Leben bestimmen würde. Warum schlug er Tanzen vor? Für ihn war das Tanzen anmutiger als irgendeine andere Sportart. Und außerdem paßte es sehr gut zu dem recht koketten kleinen Mädchen, das ich war. Tausendmal Dank, Doktor!

Meine Eltern meldeten mich also zur Tanzausbildung bei Mademoiselle Bourgat in der Rue Spontini in Paris an. Diese große Tanzlehrerin hatte unter ihren Schülerinnen eine Blondine, die sehr berühmt werden sollte: Brigitte Bardot. So fing ich mit vier Jahren zu tanzen an. Ich erinnere mich noch mit Schrecken an die erste Stunde. Ich hatte ein kurzes Röckchen an und nackte Arme, und ich fühlte mich völlig verloren unter den kleinen Jungen und Mädchen, die wie ich mit den Unterricht begannen. Ich hatte den unangenehmen Eindruck, daß ich allen ausgesetzt, wie entblößt war. Ich war entsetzt. Ich weinte. Ich wollte wegrennen. Als ich zum zweiten Mal zum Tanzunterricht kam, hat der Blitz eingeschlagen. Sehr rasch wurden die Übungsstunden bei Mademoiselle Bourgat für mich zu einer Droge. Oder besser: meine liebsten Stunden der Erholung. Doch Gott weiß, wie sehr mein Fuß oft schmerzte. Aber ich liebte das Tanzen derart! Ich dachte nur noch ans Tanzen. In meiner Fantasie übte ich immer nur Tanzschritte. Ich war wie im Traum ... Ich sehnte mich nach Tagen, die ganz mir gehörten, wo ich, tanzend, leicht und frei war. Das ging so weit, daß ich in der Schule schlecht vorankam. Ich langweilte mich in meiner Bank. Selbst die Pausen genoß ich nicht. Ich stand allein in einer Ecke des Schulhofs. Und ich fühlte mich wohl, wenn ich von Balletten träumen konnte, in denen ich die Prinzessin war. Die Spiele meiner Mitschülerinnen zogen mich nicht an. Nein, ich blieb lieber in meinen Träumen allein. Tanzen unter den Scheinwerfern einer eingebildeten Opernszene! Meine chronische Faulheit ärgerte meine Lehrerin, eine fordernde und strenge Dame. Ich fürchtete ihren Blick. Mit Recht. Eines Tages verlangte sie eine Aussprache mit meinen Eltern. Ihr Urteil war eindeutig. So konnte es mit mir nicht weitergehen. Ich sollte mich ganz auf das Tanzen einstellen.

Ich war erst sechs Jahre alt. Meine Mutter war sehr darum besorgt, daß ich mich auf eine gesicherte Zukunft vorbereitete. Ich glaube sogar, daß meine Behinderung in ihren Plänen, die sie für mich hatte, eine große Rolle spielte. Mit diesem verflixten Fuß war ich gefährdeter als andere kleine Mädchen. Deshalb gelang es Mama, meinen Vater davon zu überzeugen, daß ich den Tanzunterricht bei Mademoiselle Bourgat aufgeben sollte. Sie spürte schon, daß das Tanzen für mich immer wichtiger und ich dabei die Schule vernachlässigen würde. Sie wollte einfach nicht, daß ich Tänzerin wurde. Das wenige, das sie über diesen Beruf wußte — die Härte, die Einschränkungen, die Prüfungen —, ließen es ihr nicht geraten sein, daß sich ihr kleines Mädchen da engagierte. Vielleicht wollte sie, vor allem andern, mir einfach das normale Leben für Kinder meines Alters sicherstellen. Ein Leben, das für mich in der Kabine eines Aufzugs einen Riß bekommen hatte. Mama wollte das Beste für mich. Sie hat aus Liebe gehandelt, das weiß ich.

Ich bin also in die Schule zurückgekehrt. Mehr resigniert als mit Einsicht. Aber in meinen Träumen tanzte ich weiter. Ich spürte einen solchen Drang, die Decke des Klassenzimmers aufzusprengen, um wieder bei meinen Lieblingswolken zu sein! Ich glaubte derart zuversichtlich, daß meine Träume eines Tages wahr werden würden. Ja, ich glaubte daran!

Der Vater erfüllt den Traum seiner Tochter

Paris 1950. Monsieur Nègre ahnte etwas von den Träumen seiner Tochter. Er wurde ihr Komplize. Er kannte sie nur zu gut! Er sah, daß sein „kleiner Vogel" vor Ungeduld umhersprang und wieder davonfliegen, wieder Arme und Beine regen, wieder mit Grazie die Luft in Schwingung versetzen wollte. Wenn Mireille nachmittags von der Schule heimkam, dann war während des Tages immer etwas Außergewöhnliches passiert. Sie war unersättlich. Jeden Tag sammelte sie Ereignisse, Eindrücke, Geschichten, die sie abends leidenschaftlich erzählte. Ihre Neugierde nahm von Tag zu Tag zu. Ihre Ohren fingen wie Muscheln die Geräusche des Ozeans Paris ein. Sie empfand ein verrücktes Vergnügen dabei, das Gehörte und Gesehene in ihrem eingebildeten Theater wieder in Szene zu setzen.

Für Monsieur Nègre war das ein Beweis, daß Mireille einen ungewöhnlichen Drang hatte, sich auszudrücken. Er spürte das umso mehr, weil er diesen Drang aus seiner eigenen Jugend kannte. Er wollte eigentlich Künstler werden. Doch sein Traum verwirklichte sich nicht. Er ist Ingenieur geworden. Aber diese Versuchung zum künstlerischen Abenteuer hatte ihn tief getroffen. Er, der in einer protestantischen Familie aufgewachsen war, hatte einen kräftigen Schuß Freiheitsliebe mitbekommen. Er pflegte zu sagen, daß es „sein Glaube sei, keinen zu haben" — in der Politik wie in der Religion. Monsieur Nègre war begierig nach Freiheit. Sie war für ihn im Leben wie die Stange, die einem Seiltänzer das Gleichgewicht zu halten hilft.

Er stellte übrigens ähnliche Neigungen bei seinen beiden Kindern fest. Jacques, der ältere, erhielt mit großem Erfolg Klavierunterricht. Und Mireille fühlte sich zum Tanzen geboren ...

Eines Tages nahm Monsieur Nègre die kleine Tochter bei der Hand und ging mit ihr zur nächsten Bushaltestelle. Mireille war entzückt. Es war wohl das erste Mal, daß sie so aufs Geratewohl von zu Hause fortging, und sie hielt bei dieser Entdeckungsreise in Paris die Hand des Vaters ganz fest. Dieses unvorhergesehene Abenteuer berauschte sie. Im Stillen fragte sie sich, was ihr Vater und Komplize da im Schild führte. Monsieur Nègre hatte nämlich das Ziel ihres Ausflugs geheimnisvoll im dunkeln gelassen. Sogar seine Frau wußte nichts davon. Er hatte im übrigen seine Familie an Überraschungen gewöhnt. Es machte ihm Spaß, von Zeit zu Zeit das tägliche Einerlei zu durchbrechen.

Mireille, acht Jahre alt, erinnert sich genau, welchen Weg dieser Autobus zur „Endstation Sehnsucht" nahm. Sie war besonders von der Architektur von Notre Dame beeindruckt. Dieses steinerne Riesenschiff mußte sie tief entzücken. Die Kathedrale strebte mit solcher Anmut zum Himmel! Vielleicht, dachte sie, reichte dieses Bauwerk bis an jene geheimnisvollen Wolken, denen sie gerne nachträumte. Doch das sollte nur ein Vorgeschmack sein. Ein besonders feiner, gewiß. Aber ihr Vater hielt noch ein überraschendes Dessert bereit. Der Bus blieb stehen, und Monsieur Nègre gab seiner Tochter das Zeichen zum Aussteigen. Da begann das Herz von Mireille mächtig zu schlagen. Sie stand vor dem Inbegriff ihrer Träume: der Opéra von Paris. Sie stiegen zusammen die große Treppe hinauf und traten in den Tempel des Tanzes ein. Mireille war außer sich! Sie durchquerten in Ruhe die mächtigen Säle und Umgänge des Palais

15

Garnier. Und dann schritt Monsieur Nègre auf eine Tür zu mit der Aufschrift „Administration". Mireille folgte ihrem Vater mit steigender Erregung. Etwas für sie ganz Wichtiges geschah. Dieses Gefühl erfaßte sie immer stärker. Dieses Mal würde es wahr! Monsieur Nègre meldete seine Tochter zur Aufnahmeprüfung an für die Schule der kleinen Tanz-„Ratten" der Opéra. Mireille erinnert sich nicht mehr, wie sie nach Hause kamen. In ihren Gedanken tanzte sie nur noch. Sie träumte mit offenen Augen. Sie dachte: Das ist der schönste Tag meines Lebens. Und ihr Vater ist der charmanteste Zauberer auf der ganzen Welt. Sie dachte sogar nicht einmal an die unvermeidliche Überraschung ihrer Mutter.

Alles kam ihr jetzt durchsichtig und klar vor. Sie würde Tänzerin werden!

Monsieur Nègre empfand eine doppelte Genugtuung. Wie oft hatte er sich diesen Tag in Gedanken ausgemalt. Er erfüllte nicht nur den Herzenswunsch seiner Tochter, sondern auch den eigenen Traum vom Künstler, den er selbst nicht hatte verwirklichen können. Dieser Traum fand nun eine späte Erfüllung, indem er Mireille ihre Chance gab. Er kostete die Freude aus, die Sache in Bewegung gebracht, gleichsam den Strom der Zeit kurzgeschlossen zu haben. An diesem Tag genoß Monsieur Nègre die Stunden wie einen wohltemperierten Pastis im Schatten provençalischer Platanen.

„Wenn die Ärzte dich so sehen ..."

Bei unserer Rückkehr mußte er Mama alles sagen. Ich glaube, das ist ganz gut gegangen. Sie konnte meinem Vater keine Vorwürfe machen, daß er so wunderbar auf meine Erwartungen eingegangen war. Schließlich hatte sie wohl erkannt, daß Tanzen meine Berufung war.

Einige Monate später erhielt ich meine Zulassung zur Aufnahmeprüfung. Aber da war noch eine Vorbedingung zu erfüllen: die ärztliche Untersuchung. Ein verflixtes Hindernis für mich. Würde man ein achtjähriges Mädchen zulassen, dessen linker Fuß nicht in Ordnung war? Ich wagte nicht daran zu denken. Da schaltete sich mein erster Retter ein: Serge Lifar. Zu jener Zeit war er allmächtig in der Opéra: Startänzer, Choreograph, Tanzdirektor, Ballettmeister. Er war wirklich die „Diva"! Am Tage der ärztlichen Untersuchung wurde er auf mich aufmerksam. Er sah meinen kleinen, lädierten Fuß und flüsterte mir nur zu: „Zieh schnell ein Paar dicke Socken an! Wenn die Ärzte dich so sehen, wirst du niemals angenommen."

Ich befolgte sofort seinen Rat und bekam so dank Serge Lifar vom medizinischen Büro mein „ohne Befund". Vor dem Prüfungsausschuß konnte ich dann in aller Ruhe auftreten. Auf der Rückfahrt traf ich im Bus Noëlla Pontois, die auch zur ärztlichen Untersuchung und zur Prüfung angetreten war. Wir waren uns gleich sympathisch. Ich erinnere mich noch, daß wir während der Heimfahrt darüber sprachen, ob wir angenommen würden. Noëlla wohnte auch im XIV. Arrondissement. Seit diesem Tag sind wir immer zusammen zur Opéra gefahren. Während unserer ganzen Ausbildung waren wir im gleichen Kurs. Später sind wir zur gleichen Zeit Erste Tänzerin geworden. Wir mochten uns sehr. Trotzdem waren wir scharfe Rivalinnen! Sehr bald erkannte ich, daß das Leben einer Tänzerin ein ständiger und heftiger Kampf war, daß die besten Freundinnen trotzdem harte Konkurrentinnen waren. Noëlla war für mich wie eine Schwester. Ich habe sie nach ihrer Heirat aus den Augen verloren.

Wir wurden beide zugelassen. Ich bin also mit neun Jahren in die Tanzschule der Opéra aufgenommen worden. Unsere Tage waren zweigeteilt: am Morgen die Schule und am

Nachmittag die Tanzschule. Nach dem zweiten Jahr hatten wir auch die Möglichkeit, abends außerhalb der Opéra spezielle Kurse zu besuchen, um unsere Ausbildung zu vervollständigen.

Etwa sechs Monate nach meinem Beginn an der Opéra schaffte ich meinen ersten Vertrag. Ich konnte mich gar nicht mehr halten! Die Comédie Française hatte eine Anzahl von kleinen „Ratten" von der Opéra angefordert, die an einer großen Inszenierung von „Les Amants Magnifiques" im Theater des Palais Royal mitwirken sollten. Ich wurde ausgewählt, übrigens auch Noëlla Pontois. In der Aufführung stellten wir kleine Tiere dar. Ich erinnere mich, daß wir vier- bis fünfmal in der Woche, und oft sehr spät, auftraten. Die Vorstellung ging meist nach Mitternacht zu Ende. Damals hat mein Vater Außerordentliches auf sich genommen. Nach seinem Arbeitstag in der Fabrik holte er Noëlla und mich nach jeder Vorstellung mit dem Auto ab. Am schlimmsten war, daß wir am nächsten Morgen wieder frisch für die Schule sein mußten. Das war sehr hart! Doch wir hatten so viel Spaß daran, öffentlich aufzutreten, daß wir leicht die Müdigkeit überwanden.

Wie ich die Schmerzen zu bezähmen lernte

Während der ersten Jahre hatte ich beim Tanzen enorme Schmerzen. Die Unterrichtsstunden waren für mich eine wahre Qual. Schrecklich! Je mehr mein Fuß mich schmerzte, desto mehr mußte ich mich anstrengen. Wenn ich mich auf die Fußspitzen stellte, meinte ich, mein linker Fuß sei von Nadeln durchstochen. Und wenn ich Spitzentanz machte, durchlitt ich eine wahre Folter. Alle diese Tanzfiguren waren meine tägliche Qual. Aber ich gab nicht nach. Ich wollte um jeden Preis den Schmerz besiegen.

Diese Erfahrung des Schmerzes hat tatsächlich meinen Willen im Kampf bestärkt. Ich hatte erfahren, daß, wenn man den Schmerz beim ersten Mal ertrug, er beim zweiten Mal leichter zu überwinden war. Dann, nach mehreren Malen, so wurde mir klar, wandelte sich der Schmerz, nahm er ab an Intensität. Das war gewiß kein idealer Zustand. Aber ich spürte einen Fortschritt. So habe ich allmählich gelernt, meinen Schmerz zu bezähmen; wie einen Gegner, den man überzeugen will.

Wegen meines Fußes mußte ich in der Opéra noch einen anderen Kampf führen. Es ist ja eine ganz falsche Vorstellung, mit der Erfindung der Ballettschuhe habe man das Glück auf Erden entdeckt! Einige maßgebliche Leute der Opéra schätzten meine Chancen, eine Tanzkarriere zu machen, gleich null. Zu ihnen gehörte der Arzt. Eines Tages schrieb er meinen Eltern und der Direktion einen Brief, in dem er geradeheraus meinen Abgang von der Tanzschule forderte. Nach seiner Meinung sei es eine Utopie, mich weiter zu halten; ich besitze nicht genügend physische Kräfte für eine Berufstänzerin. Er erklärte, mich tanzen zu lassen führe zu nichts und setze mir nur Flausen in den Kopf. Für diesen Arzt war ich einfach ganz und gar ungeeignet.

Er wußte nicht oder unterschätzte, daß ich wild entschlossen war, weiter zu tanzen. Ich wollte, ich wollte, ich wollte! Meine ganze Anstrengung in der Tanzschule beruhte auf diesem Willen. Ich arbeitete „stehenden Fußes", das ist wörtlich zu nehmen. Meine Lehrer und vor allem Serge Lifar hatten das eingesehen; so sehr, daß sie sehr bald zu mir hielten. Meine Arbeitswut im Unterricht hatte sie allmählich davon überzeugt, daß ich es im Tanzen weit bringen könne. Für sie war der Unfall mit meinem Fuß eine vergangene Geschichte. Täglich erlebten sie den Beweis, daß ich meiner Behinderung Herr wurde, weil ich diesen unbändigen Willen hatte, dessen

Zeuge sie waren. Natürlich erfuhren sie von mir nichts über den Preis, den ich für diese außerordentliche Anstrengung bezahlte. Alle die im Verborgenen naß geweinten Taschentücher. Aber ich wurde belohnt. Alle meine Lehrer lehnten meinen Ausschluß ab.

Diese Belastung hat dazu geführt, daß ungeahnte seelische Kräfte in mir wach wurden. Auf mich selbst gestellt, lebte ich aus einer inneren Quelle, die mir Mut und Kraft gab. Diese Quelle hatte damals einen Namen: Serge Lifar. Ich bewunderte ihn, war ganz entzückt von ihm. Er war fast mein Gott! Ich erinnere mich, daß ich, vor lauter Bewunderung, keine Schmerzen mehr spürte, wenn er bei den Übungsstunden einmal vorbeikam. Als hätte ich Flügel! Alle liebten, ja verehrten ihn. Er bezauberte durch sein Entgegenkommen und seine Großzügigkeit. Er, die „Diva", war allen nahe. Im übrigen war er damals auf dem Gipfel seiner künstlerischen Vollendung und seines Ruhms, ohne irgendwem verpflichtet zu sein, ohne sich zu kompromittieren. Er war nur durch die Kraft seiner einmaligen Begabung vorangekommen. Ja, durch sein Genie. Ich verdanke ihm, wie viele meiner Mitschülerinnen, daß er mich entdeckt und ermutigt hat. Wenn er einmal Talent bei einem gespürt hatte, förderte er ihn so lange, bis er sich voll entfaltet hatte. Er besaß, wie viele große Künstler, fast die prophetische Begabung, neue Talente zu entdecken.

Später hätte ich in einer seiner Choreographien tanzen sollen. Aber gerade zu diesem Zeitpunkt verließ ich die Opéra. So verfehlte ich die Möglichkeit, einen meiner schönsten Träume zu verwirklichen. Lifar tanzen! Heute sage ich mir, daß ich vielleicht — wer weiß — diesen Luxus eines Tages nochmal erlebe.

Serge Lifar war damals gewissermaßen mein Therapeut, mein Balsam und mein Ideal. Er ließ mich meine Schmerzen vergessen, als sei er ein Wunderchirurg. Durch ihn gab ich mein Bestes in den Unterrichtsstunden. Deshalb nahm er einen solchen Platz in meinem inneren Leben ein.

Die Erfahrung der alltäglichen Gewalt

Das hatte ich wahrhaftig nötig! Ich mußte mich ständig auch in einer anderen Richtung wehren, gegenüber meinen Mitschülerinnen. Da war nichts von dem bergenden Schutz meiner Kindheit. Ich mußte bald erfahren, daß die Zuneigung und Liebe, mit der meine Eltern mich umgeben hatten, mir bei diesem schonungslosen Umgang miteinander wenig halfen. Ich war äußerst verwundbar. An der Opéra mußte ich ständig auf der Hut sein, mich ständig verteidigen; ununterbrochen den Worten und Handlungen ausgesetzt sein, die mir galten und die mich nur allzuoft „zur Schnecke" machten. Ich wurde terrorisiert! Der Kampf der kleinen „Ratten" untereinander war ein Dauerzustand. Er gehörte einfach zu diesem merkwürdigen Leben.
In diesem Kampf war ich die Verliererin in jeder Beziehung. Ich war allem ausgeliefert und unfähig, mich zu verteidigen. Vielleicht war meine Behinderung schuld daran, aber ich habe es immer vorgezogen, mich geschlagen zu geben statt mich zu verteidigen. Dieser Charakterzug ist mir geblieben. Das ist wohl ein Fehler. Aber so bin ich halt.
Meine einzige Waffe zur Verteidigung, genauer des Rückzugs war, daß ich in Tränen ausbrach. An der Opéra gaben sie mir deshalb den Spitznamen „die Quelle", denn beim geringsten Angriff fing ich an zu weinen. Sie hatten schnell herausgefunden, wie zerbrechlich ich war, empfindlich wie rohe Haut. Sie nutzten das natürlich mit Vergnügen und bis zum Äußersten aus.

Ich erinnere mich an eine Geschichte aus meiner Schulzeit, bei der ich so richtig an der Nase herumgeführt wurde. Wir hatten jeden Morgen um zehn Uhr Pause. Ich war nicht daran gewöhnt, mit den Mitschülerinnen zu spielen. Ich stand allein in einer Ecke des Schulhofs. Ich liebte es nicht, herumzutoben. Eines Tages machten sich einige meiner Klasse einen Spaß daraus, die Mauern der Schule mit Kreide zu bemalen. Die Lehrerin, wütend, verlangte, daß auf der Stelle der Name der Schuldigen genannt würde. Da schrien die Mitschülerinnen im Chor: „Mireille Nègre war es!" Man muß sich die Szene vorstellen! Ich ließ mich anschreien und bestrafen, ohne ein Wort zu sagen, während die anderen sich nicht halten konnten vor Lachen. Und ich war auch im Innersten davon überzeugt, daß ich mich über mein Verhalten nicht zu schämen brauchte; daß es fast notwendig sei, daß ich die Strafe anstelle der wirklich Schuldigen auf mich nehmen müsse. Ein Gefühl der Verfolgung mußte tief in mir verwurzelt sein. Aber ich bäumte mich innerlich gegen alles auf, was nach Ungerechtigkeit aussah.

Schon als kleines Kind erregte mich die Ungerechtigkeit. Noch bevor ich lesen und schreiben konnte, war ich in dieser Hinsicht sehr empfindlich. Ich erinnere mich, daß ich schon vor meinem siebten Lebensjahr mit meinen Eltern darüber sprach. Ich sagte zu ihnen: „Warum gibt es überhaupt Ungerechtigkeit? Das muß aufhören. Das ist unmöglich." Meine Eltern waren über meine Frage sehr erstaunt. Sie versuchten mich zu beruhigen und meinten, ich müsse mich damit abfinden. Diese Angst vor Ungerechtigkeit würde mit dem Größerwerden vergehen. Das glaubte ich ihnen nicht. Ich hörte nicht mehr auf sie und revoltierte weiter gegen Ungerechtigkeit.

Für mich war die Ungerechtigkeit untrennbar mit der Gewalt verbunden. Ich konnte Gewalt nicht ertragen, sie kam nicht vor in meiner Welt. Ich war ihr während meiner Kindheit zuhause weder direkt noch indirekt begegnet. Als ich sie draußen zu spüren bekam, war das ein schrecklicher Schock für mich. Ich war entsetzt über die Verheerungen, die sie anrichtete. Ich erinnere mich, daß ich, als mir die Ungerechtigkeit so früh bewußt wurde, meinen Eltern eines Tages vorwarf, mir das Leben gegeben zu haben. Ich wollte einfach nicht akzeptieren, daß ich früher oder später mit der Gewalt rings um mich konfrontiert würde. Ich begegnete ihr ja täglich in den verschiedensten Formen auf der Straße: Streit zwischen Autofahrern, Polizeisirenen, Rangeleien auf dem Bürgersteig, Schreien und Lärmen jeder Art gehörten zu dieser traurigen Welt. Dazu brauchte man nicht zu leben, nur um einander weh zu tun, um einen Krieg aller gegen alle zu führen. Ich wußte nur eine Antwort, um dieser vielfältigen Gewalt zu begegnen. Eine Antwort, die aus meiner frühesten Kindheit stammte, aus diesem Eingesponnensein: die Zärtlichkeit. Sie hat mich immer begleitet.

Diese von mir gesuchte Zärtlichkeit macht es mir auch ganz unmöglich, Verärgerung und Haß gegenüber denen zu empfinden, die mir weh taten. So habe ich es Noëlla Pontois nie übelgenommen, daß sie ein boshaftes Vergnügen daran fand, mich im Bus zu kneifen, wenn wir täglich zusammen heimfuhren. Meine Eltern erinnern sich noch, daß ich abends mit blauen Flecken heimkam, die ihnen unerklärlich blieben, zumal ich natürlich nichts sagte. Heute muß Noëlla über diese Geschichte lächeln.

Aber ich schwieg nur über diese merkwürdigen Begleitumstände bei unserer Heimfahrt. Wenn ich nämlich abends zurückkehrte, war ich buchstäblich außer Rand und Band. Ich entspannte mich von dem langen Arbeitstag, wo ich mich ja pausenlos beim Tanzen anstrengen und gegen die andern wehren mußte. Jetzt ließ ich mich gehen. Das äußerte sich in einer Dickköpfigkeit und zugleich Zerfahrenheit, für die meine Eltern keine Geduld aufbrachten. Sie hatten nicht immer, und das verstehe ich gut, die Zeit und Möglichkeit, mir zuzuhören und erst recht nicht, meine Launen zu ertragen. Der „kleine Engel" hatte sich in einen „kleinen Teufel" verwandelt. Daheim ließ ich alle Selbstbeherrschung fahren. Tatsächlich machte uns die strenge Zucht an der Opéra gegenüber unseren Eltern und Geschwistern launig und anspruchsvoll. Das war die Rückseite der Medaille. Ich muß sagen, daß meine Eltern reichlich bedient waren! Aber ich glaube, sie waren auch stolz und glücklich, daß ich mutiger wurde und vorankam. Diese Vorderseite der Medaille tröstete sie und ließ sie trotz allem lächeln.

Meine erste große Enttäuschung

Mit dreizehn Jahren hatte ich endlich ein gewisses körperliches Gleichgewicht gefunden. Mein Fuß tat weniger weh. Er hatte sich gewissermaßen angepaßt. Ich gewöhnte mich langsam an den Spitzentanz. Ich erreichte zu meiner großen Freude eine Normalität, für die ich so gekämpft hatte. Gleichzeitig bewegte mich immer heftiger die Frage nach dem Sinn von all dem. Ich sah nicht mehr deutlich das Ziel, das mich soviel Schmerzen gekostet hatte. Das war eigentlich keine Frage einer bewußten Lebensphilosophie. Ich fragte mich vielmehr innerlich, wie ich meine Kräfte ausrichten sollte. Vor allem: Wohin? Auf wen? Ich fand keine Antwort. In mir war alles leer.

Damals erlebte ich meine erste große Enttäuschung: die feierliche Erstkommunion. Ich hatte an der Opéra bei Père Carré, dem berühmten Mitglied der Académie Française, den Katechismusunterricht besucht. Ich erinnere mich sehr gut

an diese Donnerstagnachmittage. Noëlla und ich fuhren mit
der Metro zur Rue Faubourg-Saint-Honoré 222, ganz nahe
beim Elysée-Palast. Ich war besonders glücklich über diese
wöchentlichen Fahrten, weil mein Bruder uns begleitete. Er
war zu dem Katechismusunterricht der kleinen „Ratten" der
Opéra zugelassen worden, weil er die Gesangschule besuchte.
Père Carré war eine begeisternde Persönlichkeit. Sein weißer
Dominikanerhabit verlieh ihm etwas Leuchtendes, das mich
bezauberte. Er erinnerte mich an die Franziskanerschwe-
stern der Avenue Reille, nahe beim Park Montsouris, bei
denen ich im Kindergarten war. Diese frühen Augenblicke
meines Lebens sind für mich gleichbedeutend mit Klarheit
und Frische. Diese Ordensschwestern waren auch weiß
gekleidet. In meinem Kinderkopf hatte ich schnell das Weiß
ihres Ordensgewands mit der Zartheit und Güte gleich-
gesetzt, die sie den Kindern entgegenbrachten. Ich habe mir bis
heute den Geschmack und Duft des Kindergartens bewahrt,
der ein anderes Einspinnen für mich war. Ich habe dort in
einem Zustand der Gnade gelebt, den ich später immer neu
zu spüren, neu zu leben versuchte. Meine Erinnerung an das
Kirchweihfest, wo wir Kinder Rosenblüten streuten, ist noch
immer von diesem Duft erfüllt.
Père Carré, und er allein, weckte in mir diese Atmosphäre
der Reinheit, in die ich als kleines Kind eingetaucht war und
die mir jetzt fern schien. Ich fand im Katechismusunterricht
eine Atmosphäre der Freude, die mir in der Opéra fehlte.
Doch so sehr ich auch meinen Katechismus lernte, in meinem Innern wandelte sich nichts. Ich habe das nicht verstanden. So erwartete ich alles vom Tag der Erstkommunion.
Man hatte uns gesagt, an diesem Tag würden wir den Leib
Christi empfangen; von da an wohne er für immer in uns.
Für mich sollte dieses Ereignis eine wirkliche innere Wandlung bedeuten. Ich bereitete mich mit einer unvergleich-

lichen Glut darauf vor. Kurz gesagt: Ich erwartete, daß ich Jesus sehen, fühlen würde.

Dann kam der große Tag. Ich sehe mich wieder in dieser großen Kapelle Saint-Roch, ganz in weiß gekleidet. Mein Herz schlug mächtig. Doch als der Priester mir zum ersten Mal im Leben die Hostie auf die Zunge legte, welche Enttäuschung! Ich spürte absolut nichts, höchstens eine große Bitterkeit und tiefe Einsamkeit. Ich fühlte mich ganz zerschlagen in meinem weißen Festkleid. Ich hatte das schreckliche Gefühl, eine Niederlage zu erleiden. Das war, wie man im Theater sagt, ein kompletter „Durchfall".

Um meine Traurigkeit zu überwinden, dachte ich sehr intensiv an das, was mir Père Carré einige Tage vor der Erstkommunion gesagt hatte. Bei meiner ersten Beichte hatte ich ihm all die Fragen, die mich während der ganzen Vorbereitung bewegten, anvertraut. Er hatte mir geduldig zugehört und geraten, nie den Mut zu verlieren. Er sagte zu mir: „Eines Tages, Sie werden sehen, wird Ihnen das Licht zuteil werden."

Dieses Wort habe ich mein ganzes Leben bewahrt. Ich wußte ja noch nicht, daß dieses Licht aufleuchten würde, als ich mit 22 Jahren Erste Tänzerin wurde. Ich mußte noch Jahre umherirren, bevor dieses Glaubenswort des Père Carré Wirklichkeit wurde und gerade dann, als ich es nicht mehr erwartete, meine ganze Existenz erschütterte. Aber ich war ja erst dreizehn Jahre alt. Voller Ungeduld versuchte ich meinem Leben als Tänzerin einen Sinn zu geben. Es war, als hätte diese tiefe Enttäuschung mich ermutigt, anderswo zu suchen. Noch intensiver in meinem eigenen Umfeld den Ort und die Stunde zu suchen, wo mein Licht aufbrechen würde.

Eines Sonntags waren meine Eltern und ich zum Mittagessen bei Freunden eingeladen. Wir schauten im Fernsehen einen Film an mit Jean Marais als Hauptdarsteller: *Ruf des Schicksals*. Es war die Geschichte eines neunjährigen Jungen, braungebrannt und mit einen Lockenkopf, der in den Kirchen gottbegnadet Orgel spielte. Dieser Wunderknabe dirigierte auch schon große Orchester. Seine Bach- und Beethoveninterpretationen erstaunten die Zuhörer. Das war schön, schön, schön! Ich war ganz bezaubert. In diesem Augenblick verspürte ich einen wahren künstlerischen Schock. Diese unglaubliche Geschichte war genau die Antwort auf das, was ich suchte. Hier war das Ziel, das ich erreichen wollte! Dieser Film hat mir einen Antrieb, eine Kraft gegeben, die ich mir nicht zugetraut hatte. Ich habe erkannt, daß ich als Tänzerin die gleiche Perfektion erreichen mußte. Als ich am nächsten Tag in die Opéra zurückkehrte, war ich wie verwandelt. Ich hatte hundertmal mehr Kraft zum Arbeiten. Nichts konnte mich mehr bremsen bei meinen Anstrengungen. Ich war ganz und gar von der Idee besessen, Wunder in meiner Tanzkunst zu vollbringen. Diese Idee hat sich so in mir festgesetzt, daß sie mich nie mehr verließ. Immer höher und immer weiter fortzuschreiten im Tanzen, das ist mein Leitgedanke und mein tägliches Brot geworden. Ein oder zwei Jahre später entdeckte ich, daß das Wunderkind, das mich im Fernsehen verzaubert hatte, tatsächlich existierte. Es war kein fiktiver Mozart, sondern in Wirklichkeit handelte es sich um einen bewundernswerten Chef eines Orchesters. Er hieß Roberto Benzi. Mein Ideal nahm Fleisch und Blut an. Der kleine Junge, der mich derart durch seine Kunst und Reinheit begeistert hatte, war ganz lebendig. Ich vermochte dem Verlangen nicht zu widerstehen, ihn kennenzulernen. Konnte man ihn nicht am ehesten sehen, wenn man seine Konzerte besuchte?

Zum ersten Mal, erinnere ich mich, sah ich ihn im Théâtre des Champs-Elysées. Er begleitete die Sängerin Mado Robin am Klavier. Roberto Benzi war damals gerade achtzehn Jahre alt. Ich hatte Noëlla Pontois und meinen Bruder mitgenommen. Nach dem Konzert besuchte ich ihn in seiner Garderobe. Wir stellten uns einander vor. Das war herrlich! Wir behielten Kontakt. Ich besuchte seine Konzerte. Er verfolgte meine Karriere. Ich war wirklich hingerissen, als er vier Jahre später in der Opéra *Carmen* dirigierte. Ich glaubte mich im Paradies! Ich tanzte nach der Musik, die mein Wunderkind mit seinem Taktstock hervorzauberte. Das vollkommene Glück! Diese Verbindung zu Roberto Benzi hat mir außerordentlich geholfen während der ganzen Jahre an der Opéra. Nach Serge Lifar war er mein neuer Gott geworden. Mein Vorbild, meine künstlerische Inspiration. Ich verdanke ihm in diesem ganzen Zeitabschnitt eine Anzahl von Stunden, in denen meine Kunst und mein Glück unzertrennbar eins waren.

Ein königliches Geheimnis

Ja, ich bin auch verliebt gewesen. Aber das ist ein königliches Geheimnis. Ich behalte all das sorgfältig für mich, in Schweigen und Erinnerung. Wie jeder habe auch ich Augenblicke wie im Fieber gekannt, wenn das Herz vor Erregung bebt. Aber die *Liebe,* wie die Freundschaft, waren für mich Wege zum Absoluten. Das soll heißen, daß ich mit niemandem eine Bindung eingehen könnte, die nicht auf einem Engagement für's ganze Leben beruht. Dieses Verlangen nach Ewigkeit, von dem ich derart erfüllt war, müßte auch das Fundament der Harmonie sein, die zwei Wesen verbindet, die sich lieben. Das war mein höchster Anspruch.

Ich habe immer die *Liebe* über alles gestellt. Selbst über die *Kunst*. Aus diesem Grund habe ich alle Heiratsmöglichkeiten abgelehnt, die mir während meiner Zeit als Tänzerin geboten wurden. Vor allem erschien mir die Ehe zu ungewiß. Ich sah bei ihr immer die latente Gefahr eines Zerbrechens. Ich wollte nicht riskieren, eines Tages Opfer zu sein. Daran hätte ich zuviel gelitten. Schon als Kind meinte ich, man könne wahrhaft nur einmal lieben. Dies alles wegen meiner künstlerischen Veranlagung? Aber im Lauf der Jahre hat sich diese Überzeugung noch verstärkt. Wenn ich mich in einen Mann verlieben würde, dann nur leidenschaftlich. Ich bewunderte ihn ebenso wie ich ihn liebte. Dieses Ausschließlichkeitsgefühl könnte mich eifersüchtig und besitzergreifend machen. Die *Liebe* ist etwas Absolutes. Die Ehe ist für mich eine Berufung. Ich war mir meines Anspruchs voll bewußt. Ich habe nie bedauert, daß ich es abgelehnt habe zu heiraten. Einmal war es fast so weit. Doch, nein. Ich bin nicht enttäuscht gewesen. Ich glaubte zu sehr an die totale, absolute *Liebe* und wollte nicht riskieren, daß sie mit der Zeit fad wurde oder eines Tages ganz zerbrach. Heute bedauere ich es noch weniger, seit ich *Den* „besitze" und von *Ihm* „besessen" werde, dessen Liebe jedes Menschenwesen und jede Sache übersteigt. Aber Ihm, dem wahrhaft „wunderbaren Liebenden", war ich damals noch nicht begegnet.

Erstmals im Rampenlicht der Öffentlichkeit

Mit fünfzehn Jahren wurde ich in das Ballett der Opéra aufgenommen. Das bedeutete eine neue Etappe in meiner Karriere. Ich pflückte jetzt die Früchte aller Anstrengungen, die ich für meine Ausbildung auf mich nehmen mußte. Zu dieser Zeit geriet ich auch, durch Zufall, ins Rampenlicht der

Öffentlichkeit. Das begann damit, daß eines Tages, als ich vierzehn Jahr alt war, eine Fotografin der Agentur Drager in die Opéra kam. Sie wollte eine kleine „Ratte" zum Fotografieren aussuchen. Das gab es in der Opéra öfter. Ihre Wahl fiel auf mich. Ich habe also posiert für eine bestimmte Fotofirma. Ich wußte nicht, daß das Foto in *Paris-Match* erscheinen sollte. Das hat eine Kette von Anfragen ausgelöst, die ich, um es ganz vorsichtig auszudrücken, keinesfalls erwartet hatte. Außer von Werbefachleuten und Modefotografen wurde ich zu meiner größten Überraschung von einem Filmregisseur angesprochen: Pierre Granier-Deferre.

Er schlug mir vor, bei einem Film mitzuwirken, der, Ironie des Schicksals, den Titel hatte: *Der kleine Junge vom Fahrstuhl.* Ich zögerte lange, bis ich zusagte. Ich war gerade ins Ballett der Opéra aufgenommen worden und durfte keine Übungsstunde versäumen oder etwas von meinem technischen Können einbüßen. Schließlich wurde vereinbart, daß während der großen Ferien gedreht würde, der einzigen Zeit, über die ich voll verfügen konnte. Ich glaube, von diesem Tag an habe ich nie mehr große Ferien gehabt wie die anderen Jugendlichen meines Alters.

Pierre Granier-Deferre schickte mir also das Drehbuch des Films, nach einer Erzählung von Paul Vialar. Der Text gefiel mir gut. Das war frisch, kindlich und geradezu poetisch. Ich bin dann im Hochsommer mit Mama nach Monte Carlo gefahren, wo im Theater gedreht werden sollte. Ich hatte schon etwas Herzklopfen vor diesem neuen Abenteuer.

Es war vereinbart worden, daß ich während der stundenlangen Drehpausen meine Tanzübungen machen konnte. Das war einer der Punkte im Vertrag mit Pierre Granier-Deferre. Auf diese Weise hatte ich das Glück, eine außerordentlich fähige Tanzlehrerin kennenzulernen: Marika Bezobrasowa. Sie hat sich übrigens sehr mit meinem lädierten Fuß befaßt.

Ich hatte mir angewöhnt, und das war falsch, mich nur auf meine große Fußzehe zu stützen, weil mir zwei Zehen fehlten. „Wenn du so weitermachst, um diesen Mangel auszugleichen", sagte sie, „dann wirst du nicht weit kommen. Du mußt noch einmal von vorn anfangen."

Von vorn anfangen! Das war keine Kleinigkeit. Aber ich wollte doch weiterkommen. Ich vergaß nicht die geheime Abmachung, die mich mit Roberto Benzi verband. Ich habe also allen Mut zusammengenommen. Mit Marika und durch sie habe ich eine Art Wiedergeburt erlebt. Es wurden ungeahnte Kräfte in mir wach. Wir haben zusammen so gut gearbeitet, daß dadurch sozusagen die zwei Zehen ersetzt wurden, die mir fehlten. Allmählich wurde mein linker Fuß stärker als der rechte. Das Ergebnis war wunderbar! Ich spürte, daß sich mir künftig neue Möglichkeiten im Tanzen eröffneten. Dank Marika Bezobrasowa vervollkommnete ich meine Kunst und erfüllte damit meinen sehnlichsten Wunsch. Ich hatte nie geglaubt, daß der Film einer Tänzerin einen solchen Dienst erweisen könnte!

Doch zurück zum Film, für den ich ja nach Monte Carlo gekommen war. Ich wußte noch nicht, daß diese erste Begegnung mit dem Film mit einem hübschen Skandal bezahlt werden mußte.

Bevor wir zum Mittelmeer fuhren, hatte ich natürlich das Drehbuch und die Erzählung von Paul Vialar gelesen. Mir gefiel diese etwas kindliche Geschichte sehr gut. Ich sollte eine Blumenverkäuferin darstellen. Beim Abdrehen der ersten Szenen konnte ich nicht ahnen, daß das eine wirklich unsympathische Rolle war. Ich merkte es erst, als der Film endgültig vorgeführt wurde. Aber mir ahnte schon nichts Gutes, als die letzten Sequenzen gedreht wurden.

Wir waren nach Paris zurückgekehrt. Die Aufnahmen wurden in den Studios von Boulogne-Billancourt gemacht. Eines

Tages sollte eine Szene gedreht werden, bei der ich in einen leichten Teppich eingewickelt war. Der Jugendliche, der Hauptdarsteller des Films, sollte mich in dieser Situation überraschen. Und nun die andere Überraschung: Indem ich mich aufrichtete, sollte ich meinen Oberkörper entblößen und damit meinen Partner in die größte Verlegenheit bringen. Diese Szene hatte ich im Drehbuch offenbar nicht richtig verstanden. Ich wurde rot vor Zorn. Ich stampfte wütend mit den Füßen und schrie dem Regisseur ins Gesicht, daß ich diese Szene nie spielen würde. Ich drohte ihm sogar, ich würde mich in die nahe Seine stürzen. Als Pierre Granier-Deferre und seine Assistenten insistierten, lief ich Hals über Kopf in meine Garderobe und verriegelte die Tür doppelt von innen. Dort stand ich vor Mama, in Panik, und wußte nicht, was ich machen sollte. Unterdessen hämmerten sie an meine Tür und machten mich dafür verantwortlich, daß durch meine Weigerung mehrere Millionen (alte) Francs verlorengingen. Ich machte mich nur darüber lustig. Meine Tür blieb auf jeden Fall lange zu, und ich spielte die Szene nicht, wie sie vorgesehen war. Man fand dann einen Kompromiß. Ich gestand ein Minimum zu. Der Jugendliche wurde so aufgenommen, daß es aussah, als schaue er mir ins Gesicht, aber die Kamera zeigte nur meinen Rücken. Ich hatte auf jeden Fall einen hübschen Skandal verursacht, von dem ich noch heute sprechen höre.

Der Film, 1959 uraufgeführt, wurde kein großer Erfolg. Aber ich wurde von den Journalisten bestürmt. Die Zeitungen schrieben viel über mich. Ich war, so hieß es, „eine der Neuentdeckungen des französischen Films", „ein Starlet von sechzehn Jahren, dem es nicht an Charakter mangelt". Ich mußte für eine großangelegte Werbe-Kampagne herhalten, mit vielen Artikeln und Fotos in der Presse. Zahlreiche Filmgrößen, etwa Claude Autan-Lara, Gene Kelly, Albicoco, Walt

Disney, boten mir Rollen an. Ein großes Durcheinander! Ich habe alles abgelehnt. Ich wünschte mir nur eins, weiter an der Opéra zu tanzen. Ich stellte mir eine Filmkarriere wenig erfreulich vor, fortwährend hin und her gerissen von einer Vielzahl von Regisseuren. Ich habe tatsächlich neben großen Schauspielern der Comédie Française wie Louis Seigner oder Marcel Dalio gearbeitet. Aber ich habe nicht die heiligen Weihen der Comédie erlangt.

Ein Jahr später befreite mich die Opéra aus diesem ganzen Tohuwabohu. Claude Bessy, damals eine der anspruchsvollsten Startänzerinnen in Frankreich, war im Ballett auf mich aufmerksam geworden. Sie schlug mir vor, mit ihr eine Tournee durch Südamerika zu machen. Mit siebzehn Jahren erhielt ich also meine Lufttaufe inmitten der begabtesten Stars der Opéra von Paris: Claude Bessy selbst, dann Claire Motte, Jacqueline Rayet, Peter Van Dycke, Attilio Labis und Lucien Duthois. Ich war entzückt, so weit zu reisen, um unter unbekannten Himmeln zu tanzen. Erst recht, da mir Claude Bessy zusammen mit Daniel Franck eine Rolle als Solotänzerin anvertraut hatte. Das war für mich eine unerhörte Auszeichnung.

Lima, Montevideo, Buenos Aires, Santiago. Wir haben ganz Südamerika durchquert. Die meiste Zeit verbrachten wir in der Vorbereitung der Aufführungen, Probe auf Probe. Wir hatten keine Zeit, uns etwas umzuschauen. Wir lebten nur in Theatern und Luxushotels. Es war eine anstrengende Reise. Aber für ein Königreich hätte ich nicht auf sie verzichten wollen. Ich lebte wie im Traum. Zum ersten Mal in meinem Leben hatte ich vor einem großen Publikum und auf den größten internationalen Bühnen getanzt.

Danach habe ich in Frankreich einige Jahre großes Ballett getanzt. Die Schule habe ich normal weiterbesucht. Ich wurde sehr bekannt. Filmregisseure machten mir ständig Angebote.

Eines Tages bekam ich eine Einladung des Filmemachers Albert Lamorisse. Ich ging ohne große Begeisterung hin, weil ich dachte, er würde mir Dreharbeiten während des Schuljahres anbieten, und das wäre für mich unannehmbar gewesen. Doch Albert Lamorisse bot mir eine Rolle in einem Film voller Poesie an. Und noch besser: Er sollte während der Sommerferien gedreht werden. Ich sagte zu.

In *Fifi la plume*, das ist der Titel des Films, war ich Partnerin von Philippe Avron und Lambert, zwei sehr sympathischen Schauspielern, die überdies die Gabe hatten, mich zum Lachen zu bringen. Ich sollte eine Kunstreiterin spielen, mußte also reiten lernen. Am Trapez übte ich nicht, denn ich mußte damals viele Ballettaufführungen vorbereiten.

Der Film fand Beachtung. Er wurde für das Filmfestival 1962 in Cannes ausgewählt. So konnte ich den Palast der Festivals in voller Funktion erleben. Aber mir ist vor allem noch die wunderbare Atmosphäre in Erinnerung, die bei den Dreharbeiten herrschte. Sie wurde durch die anziehende Persönlichkeit von Albert Lamorisse geprägt. Diesen Regisseur kannten vor allem die Kinder, zu seinen Spitzenleistungen gehörten Filme wie *Der Hengst* und *Der rote Luftballon*. *Fifi la plume* wurde übrigens später auch in einer Kinderbuchreihe veröffentlicht. Dieser zweite und letzte Film meiner kurzen Karriere hat mich wieder mit dem Film versöhnt. Ich konnte mich nur in Rollen wohlfühlen, in denen ich wieder das kleine Mädchen sein durfte, das immer in mir weiterlebte. Albert Lamorisse hatte dies erraten und begriffen.

Ich hatte kaum das Filmen hinter mir, da folgte ihm das Fernsehen auf dem Fuß. Ich erinnere mich, daß ich bei einer Sendung an der Seite von Gilbert Bécaud auftrat, die den Titel „Ça claque" hatte. Ein andermal trat ich übrigens zusammen mit Geraldine Chaplin in einer Fernsehserie auf, die ganz in dem Bereich des Fantastischen und Geheimnisvollen spielte. Die Rollen waren dem jeweiligen Temperament der Schauspieler angepaßt.

Ich habe auch in einer Show von Guy Lux und Anne-Marie Peysson, mit Michel Renault als Partner, getanzt. Im ganzen habe ich also oft vor der Fernsehkamera gestanden. Besonders auch in den Varietésendungen von Aimée Mortimer, zusammen mit Cyril Atanassof und Jean-Pierre Bonnefous. Mit neunzehn Jahren war ich auf diese Weise häufig in den Studios der RTF (Radio-Télévision-Française). Ich nahm einen Teil der Angebote an, aber immer in Abstimmung mit der Direktion der Opéra. Nicht einen Augenblick kam mir der Gedanke, meine Karriere als Tänzerin aufzugeben. Doch über dem großen Theater zogen sich düstere Wolken zusammen.

Meine Technik zur Überwindung der Unfallfolgen

Ich war gerade 22 Jahre geworden und sollte an dem Wettbewerb für Erste Tänzerinnen teilnehmen. Ich sah dieser wichtigen Prüfung sehr hoffnungsvoll entgegen. Obwohl ich mit meinem Können noch nicht zufrieden war, näherte ich mich doch meiner Idealvorstellung vom Tanzen, ohne sie freilich je zu erreichen. Marika Bezobrasowa meinte, ich sei künstlerisch in bester Form. Meine Freunde von der Opéra anerkannten meine meisterhafte Technik. Ich war guten Mutes.

Mein linker Fuß verhielt sich liebenswert. Er war sogar stärker geworden als der andere. Ich hatte derart an meinem Gleichgewicht gearbeitet, daß ich wirklich beständige Leistungen zeigen konnte. Es gelangen mir Balancen, die ich erst durch die Herausforderung der Behinderung zustande brachte. Ich habe das Tanzen immer als eine Übung in langen Zeiträumen angesehen; eine Übung, die mir darüber hinaus ständig außerordentlich viel Freude machte. Allmählich war ich mein eigener Arzt geworden. Meine Willenskraft und eine entsprechende Technik führten zu Ergebnissen, die meine Erwartungen bei weitem überstiegen.

Meine Technik beruhte ganz auf der Suche nach einem Gleichgewicht, das ich durch meinen Unfall verloren hatte. Ich konnte mich zunächst nicht auf dem linken Fuß im Gleichgewicht halten. Also mußte ich meine ganze Kraft darauf konzentrieren, dieses mangelnde Gleichgewicht, das sich aus meiner Behinderung ergab, auszugleichen. Durch harte Arbeit habe ich mir schließlich eine unglaubliche Technik angeeignet. Ich konnte minutenlang auf den Fußspitzen stehen. Es gelang mir sogar, Drehfiguren auf einer Fußspitze bei vollem Gleichgewicht auszuführen. Genauer gesagt, ich machte eine sogenannte Piqué-arabesque-équilibre sur pointe — eine Schrittfolge auf einer Fußspitze, bei der die Arme und der andere Fuß eine Arabeske beschrieben. Immer im Gleichgewicht. Dann ging ich, mit einem gewissen Schwung, in eine Promenade-Drehung über, auf der äußersten Fußspitze. Oder ich schloß meine Pirouetten auf der Fußspitze stehend. Meine Lehrer waren höchst verwundert! Sie meinten, ich hätte eine Leistung erreicht, die ganz selten sei bei einer Tänzerin. Eines Tages, bei einer Repetition, gestand mir der Choreograph Roland Petit, daß er nur eine Tänzerin kenne, die zu einer solchen Leistung fähig sei: die berühmte Rosella Hightower. Er hat mir übrigens vorgeschlagen, diese Technik einmal in einer Solistenrolle vor dem Publikum vorzuführen. Doch ich antwortete ihm, daß ich an dieser Technik nur arbeite, um meinen Fuß und meinen Knöchel zu stärken, aber keinesfalls, um irgendeinen Effekt damit zu erzielen. Doch ich ging auf seinen Vorschlag ein. In einem Ballett mit dem Titel „Thèmes et Variations", in dem wir drei Solisten — Noëlla Pontois, Wilfrid Piolet und ich — auf-

36

traten, arrangierte Roland Petit für mich ein Finale, bei dem ich meine besagte Gleichgewichtsübung vorführte. Ich erinnere mich, daß sich die Mitglieder des Balletts am Schluß jeder Aufführung in den Kulissen drängten, um meinem Finale zuzusehen. Dabei machte mir ein großer Scheinwerfer zu schaffen, der mich lästig blendete. Ich mußte nämlich eine bestimmte Stelle am Boden im Auge behalten, an der ich mein Gleichgewicht finden und halten konnte. So hielt ich die Balance während des ganzen Finale, bis der letzte Beifall des Publikums verrauscht war. Der Vorhang fiel und hob sich viele Male, und ich mußte immer in der gleichen Position bleiben. Das nur als Hinweis, daß mein linker Fuß keinerlei Schwäche zeigte!

Eine meiner Kolleginnen bemühte sich vergeblich um die gleiche Übung. Das tat mir leid. Zumal ja meine „Höchstleistung" einzig und allein ein therapeutisches Ziel verfolgte und nichts mit besonderem Ehrgeiz zu tun hatte. Auch da geriet ich wieder in Konflikt mit dem Konkurrenzdenken, das mir zuwider war und das die Beziehungen unter den Tänzerinnen vergiftete. Mir war ein solches Denken völlig fremd. Ich litt sehr darunter. Ich wurde das Opfer meiner eigenen Höchstleistung, weil ich die Eifersucht und Rivalität ertragen mußte, die ich ohne Schuld in meiner Umgebung geweckt hatte. Die Freude an der Ausübung meiner Kunst wurde dadurch verdunkelt. Ich trug meine Traurigkeit wie eine unverstehbare Last. Allein...

War ich wirklich leidenschaftlich begeistert von meiner Kunst?

Meine Unfähigkeit zu kämpfen und meinen Kolleginnen den Rang streitig zu machen, führte dazu, daß ich der „dumme August" in einer Farce wurde, die allmählich Formen eines

Dramas annahm. Ich mußte zusehen, wie mir die schönen Rollen vor der Nase weggeschnappt wurden. Das machte so mutlos! Ich wußte wohl warum. Aber ich wollte nicht mein ganzes Leben beim Direktor anklopfen, um entsprechende Rollen zu bekommen. Dazu war ich nicht fähig. Ich war nur noch „Lückenbüßer" und wurde bald überhaupt nicht mehr öffentlich erwähnt. Und das Publikum mußte annehmen, ich sei permanent krank.

Da begann ich zu zweifeln. Ich sah keinen Sinn mehr in dem Kampf, den ich seit vielen Jahren geführt hatte. Nur der Eitelkeit wegen interessierte mich die Opéra nicht mehr. War ich wirklich leidenschaftlich begeistert von meiner Kunst? Der Preis, den ich zahlte, um tanzen zu können, erschien mir zu hoch. Ich mochte keine schönen Rollen auf Kosten einer andern. Wenn ich spürte, daß eine Kollegin eine Rolle zu bekommen suchte, die mir zustand, dann trat ich zurück und überließ sie ihr. Schließlich war ich so weit, daß ich gar nicht zur Prüfung für die Erste Tänzerin antreten wollte.

In dieser Stimmung war ich, als ich vierzehn Tage vor der Prüfung Schmerzen im Knie bekam. Der Tropfen, der den Topf zum Überlaufen brachte! Diesmal dachte ich nicht nur daran, die Prüfung fahren zu lassen, sondern ich war sogar versucht, mit dem Tanzen ganz Schluß zu machen und die Opéra zu verlassen. Ich konsultierte einen Arzt. Seine Diagnose bestärkte meinen Pessimismus. Für ihn gab es nur eine Lösung: das Bein in Gips legen, den Meniskus operieren und endgültig mit dem Tanzen aufhören. Dieses traurige Verdikt traf mich wie ein Keulenschlag. Er hatte freilich den einen Vorteil, daß er mich aufweckte und zum Handeln zwang. Ich löste mich aus meiner Erstarrung und weigerte mich kategorisch, mich diesem Verhängnis zu unterwerfen. Ich wußte aus Erfahrung, daß es andere Heilmittel gab: zunächst meine Willenskraft, aber auch Gymnastik und insbesondere Yoga.

Ich meldete mich zu den Yoga-Übungen bei Henri Lambert an. Ein außergewöhnlicher Mann, der den Alptraum der Nazi-Konzentrationslager dank Yoga überstanden hatte. Er hatte sich bei zahlreichen Aufenthalten in Indien mit der Hindukultur vertraut gemacht. Sein Unterricht war für mich wie ein stiller Hafen. Dort lernte ich einen Lebensstil kennen, der mich faszinierte. Durch Yoga erreichte ich eine innere Sammlung, die ich nirgends anderswo verspürt hatte. Beim Yoga werden Körper und Geist versöhnt, geeint. Der Friede kehrt in uns selbst und rings um uns ein. Das Yoga-Üben hat mir nicht nur geholfen, die körperlichen Schmerzen anzunehmen und zu überwinden, sondern es hat mich auch in der nie aufgegebenen Auffassung bestärkt, daß Körper und Geist im Innersten verbunden sind. Ein großer Dialog. Diese Erfahrung war meine rettende Planke während der Zeit, als ich in Konflikt geriet mit der Opéra, mit dem Haus, das mich gemeißelt, poliert und zum Glänzen gebracht hatte in der Öffentlichkeit, und das mich nun plötzlich zurückstieß und fallen ließ. Yoga hat mir Frieden gegeben — mit mir selbst und mit andern. Henri Lambert sagte oft zu mir: „Wenn ihr einem Menschen begegnet, der euch Frieden vermittelt, dann könnt ihr sicher sein, daß ihr einem wirklichen Meister begegnet seid."

Ich fand diesen Satz immer wundervoll. Er ist von jener indischen Weisheit durchdrungen, die mich noch immer fasziniert. Dieser Leitsatz von Henrie Lambert läßt sich jeden Tag neu leben. Das habe ich in seinen Yoga-Kursen erfahren. Der Friede — das ist ganz und gar das, was ich suche. Der Meister des Friedens, mit dem ich heute jede Stunde meiner Existenz lebe, sollte mir bald begegnen. Ich spürte es noch nicht. Aber die nun folgenden Ereignisse enthüllten mir, daß er sich irgendwo in den Kulissen meines Lebens verbarg.

Der Operationstisch und die Klinik blieben mir also erspart.
Das sah ich als einen schönen persönlichen Erfolg an. Der
Tag der Prüfung rückte näher. Doch ich verharrte in meiner
Trübseligkeit. Meine Verwandten und Freunde verstanden
mich nicht. Ich hatte die Begeisterung des Anfangs eingebüßt; benahm mich mehr oder weniger aggressiv. Meine
Lehrer waren über mein seltsames Verhalten beunruhigt. Ich
kam sogar nicht mehr zu den Repetitionen. Nein, ich machte
nicht mehr den Eindruck einer Tänzerin in ihrer besten
Form und auf dem Weg zum Erfolg. Ich erinnere mich, daß
mich meine Lehrerinnen — Yvette Chauviré, Solange Golovine und Madeleine Laffont —, die mich zur Prüfung vor-
bereiteten, ständig zuhause anriefen und bedrängten. Sie waren
in Panik: „Na, du wirst doch die Prüfung schaffen! Es
kommt gar nicht in Frage aufzugeben. Du bist bestens vorbereitet. Das mit dem schmerzenden Knie geht schon gut.
Du darfst den Mut nicht verlieren. Du mußt antreten."
Sie insistierten derart, daß ich schließlich nachgab. Ich habe
tatsächlich die Prüfung ihnen zuliebe gemacht. Aus Aner-
kennung für alles, was sie mir künstlerisch und geistig vermittelt hatten. Ich sage bewußt geistig, denn das, was sie mir
in der Tanzkunst beigebracht haben, ist außergewöhnlich.
Sie schenkten mir ihr Wissen und ihr Können derart unei-
gennützig, daß meine Bindung an sie bei weitem den Rah-
men normaler menschlicher Beziehungen übersteigt. Unver-
geßlich ist mir der Tag, an dem die Prüfung stattfand. Diese
Prüfung ist sicher eine der schönsten Darbietungen an der
Opéra während des Jahres. Der große Saal war halb besetzt.
Alle Kandidaten traten einzeln vor der Jury auf. Das machte
großen Eindruck auf uns. Hunderte von Augen beobachte-
ten uns, während wir unsere Variationen vorführten. Die

Scheinwerfer waren auf uns gerichtet. Wir erlebten einen der aufregendsten Momente in unserer Karriere. Ich bestand die Prüfung. Damit war ich Erste Tänzerin. Der Traum meiner Kindheit erfüllte sich endlich. Aber die Früchte des Erfolges hatten ihren Geschmack verloren. Der neue Lorbeer erschien verwelkt angesichts der Frage, die ich mir immer wieder stellte, und die immer ohne Antwort blieb: Wozu tanze ich überhaupt?

Wozu tanze ich überhaupt?

Welch eine Frage! Mireille brachte alle außer Fassung, die Eltern, die Freunde, die Kolleginnen. Sie konnten sie überhaupt nicht begreifen. Sie war der „kleine Vogel" ihrer Kinderjahre geworden, der sich plötzlich von der Hand der Mutter losriß und die Alleen im Parc Montsouris entlang rannte, um Pflanzen und Blumen zu entdecken, die damals ihre „andere Welt" bedeuteten. Mit 22 Jahren, auf dem Gipfel ihrer künstlerischen Fähigkeiten, gab sie sich merkwürdig enttäuscht. Die Opéra bezauberte sie nicht mehr. Sie war nicht mehr der geheime Ort, dem ihre Kinderträume Tag und Nacht galten. Sie war allmählich zum Käfig geworden, dessen Gitter sich mit den Jahren enger zusammenzogen. Die Luft, die Sonne, die Düfte drangen nicht mehr herein. Mireille träumte von weiten Räumen, von riesigen Lavendelfeldern, die es in der Heimat ihres Vaters gab, wo sie bis zum Mondaufgang tanzen konnte. Der „kleine Vogel" fühlte, wie ihm im Käfig die Flügel erstarrten. Eine innere Stimme sagte Mireille, daß die ersehnte Weite über den Dächern der Opéra zu finden sein müßte. Sie fühlte sich angezogen von einem unwiderruflichen und zugleich zärtlichen Lufthauch. Sie war mehr und mehr bereit, diesem Anruf einen Namen zu geben und ihm zu folgen.

Das Leben hatte sie doch reich gesegnet, nach allem, was man sah. Schönheit, Talent und früher Erfolg versprachen ihr eine ungewöhnliche Zukunft als Tänzerin. Ungeahnte zusätzliche Möglichkeiten hatten sich ihr eröffnet: Film, Fernsehen, Presse. Sie war mit 22 Jahren ein Star. Die Medien verwöhnten sie auf eine Weise, von der alle Mädchen in Frankreich nur träumen konnten. In ihrem Briefkasten häuften sich die Heiratsanträge. Die Frauen bewunderten ihr Talent, ihre Anmut und identifizierten sich mit ihr. Doch das alles konnte Mireille nicht beeindrucken. Sie ging durch dieses Feuerwerk hindurch, ohne daß ein Funken sie berührte. Sie kam wie von weit her, die Augen fest auf ihren Stern gerichtet. Aber was war das für ein Stern? Von was träumte dieses junge Mädchen, das man mit Blumen überschüttete?

Auch die Eltern verstanden ihr Kind nicht mehr. Sie waren ganz mutlos, wenn sie sie abends nach der Opéra heimkommen sahen, mit abwesendem Gesicht, voll Melancholie. War sie verliebt? Sicher nicht. Sie erzählte zuhause immer alles, was sie erlebt hatte. Ihr besonderer Vertrauter war Jacques, der ältere Bruder. Mit Marie-Paule, ihrer sieben Jahre jüngeren Schwester, die das Zimmer mit ihr teilte, hatte sie ein Netz von brieflichen Mitteilungen aufgebaut. Beim Aufwachen fand Marie-Paule oft auf ihrem Nachttisch ein paar Worte von Mireille, kleine Billetts voller Poesie und Zärtlichkeit. Damit zeigte sie der kleinen Schwester ihre Verbundenheit und hielt sie schadlos dafür, daß sie sich durch ihren Beruf als Tänzerin nicht so viel um sie kümmern konnte. Zuhause war niemand auf dieses einzelgängerische Verhalten vorbereitet, das sie nun an den Tag legte. Abends, nach dem Essen, schloß sie sich allein in ihrem Zimmer ein. Das alles war beunruhigend und mysteriös.

Monsieur Nègre und seine Frau verbargen mühsam ihre Verbitterung. Schließlich hatten sie für Mireille, und nur für sie, so viele familiäre und finanzielle Opfer gebracht, und nun schien das alles vergebens zu sein. Monsieur Nègre vermochte gar nicht mehr zu zählen, wie oft er allein geblieben war, oft wochen- und monatelang, damit seine Frau Mireille bei Tourneen in Frankreich oder im Ausland begleiten konnte. Diese häufigen Trennungen hatte er seiner Tochter zuliebe auf sich genommen. Denn ihm ging die Familie über alles. Und Madame Nègre konnte sich beim besten Willen nicht erinnern, daß Mireille sich derart aufgeführt hatte. Ihre Offenheit und ihre Spontaneität waren geradezu sprichwörtlich in der Familie. Warum verkroch sie sich plötzlich auf eine Art, die doch gar nicht zu ihr paßte? War sie undankbar geworden?

In der Zeit ihres unerhörten Aufstiegs in die Welt des Tanzes hatte sich Mireille immer in ihrer Familie ausruhen können. Die Familie hatte sie unermüdlich unterstützt und ermutigt. Das Haus war zu einem Archiv geworden, wo man Zeitschriften, Titelseiten von Zeitungen, Artikel und Fotos sammelte, die sich mit Mireille befaßten. Sie war der Mittelpunkt eines kleinen Planeten, auf dem Saint-Exupéry eine kleine Prinzessin statt eines kleinen Prinzen hätte landen lassen können. Doch da schien Mireille das Schlußwort dieser schönen Geschichte schreiben zu wollen, ausgerechnet in dem Augenblick, als jeder die Fortsetzung erwartete.

Ein unerhörter geistiger Durst

Seit ich tanzte, war ich von unwiderstehlichen Empfindungen bewegt. Ich fühlte mich von einer unsagbaren Klarheit durchdrungen. Das Tanzen hob mich auf Wogen des Glücks, über mich hinaus: ein Zustand der Gnade. Die Schönheit einer Bewegung machte mich schwindeln. Ich war meiner Kunst ausgeliefert. Je mehr dieses Glück in mir wuchs, desto mehr war ich begierig, den Schlüssel dazu zu finden. Ich konnte diesen Zustand der künstlerischen Metamorphose nicht mehr ertragen, ohne in ihr Geheimnis einzudringen, ohne sie zu erhellen. Ich mußte als mein eigener Forscher mir selber auf den Grund kommen.

Nicht zum ersten Mal war ich derart aufgewühlt. Ich mußte immer nach dem „Warum" fragen. Seit meiner Kindheit stellte ich den Eltern bohrende Fragen. Ich hatte einen Heißhunger nach Verstehen und Erkennen. Ich war unglaublich geschwätzig. Und ich bin es wohl heute noch! Mit dem Tanzen fand mein „Warum" ein neues Betätigungsfeld. Je größer ich wurde, desto unersättlicher wurden meine Fragen. Diese innere Unruhe ließ ich nicht merken. Ich konnte niemandem erklären, was in mir vorging. Das schmerzte mich sehr: Ich hätte mich so gerne anderen mitgeteilt! Doch ich war unglücklich, daß ich den Elfenbeinturm, in den ich mich eingeschlossen hatte, nicht verlassen konnte! Plötzlich tat sich ein Abgrund auf zwischen den andern und mir. Es war, als hinge ich so hoch, daß ich Angst hatte, herunterzufallen. Seit meinem dreizehnten Lebensjahr wollte ich die Niederlage bei meiner Erstkommunion auslöschen. Diese Verwundung wirkte in meiner Erinnerung wie eine enttäuschte Hoffnung. Ich hatte inständig an die Gegenwart Jesu in der Hostie geglaubt! Ich spürte, daß ich etwas Wichtiges verfehlt hatte; daß mir eine Erfüllung angeboten worden war, und ich hatte die Stunde der Begegnung verpaßt.

Doch im Stillen hoffte ich weiter. Während meine künstlerische Arbeit mich ganz in Anspruch nahm, war ich in meinem religiösen Leben eher nachlässig. Freilich, ich sehnte mich oft danach, mich einmal still in eine Kirche zu setzen.

Pater Carré hatte mir ja eines Tages versprochen, daß mir das Licht gegeben werde. Das hatte ich nicht vergessen. Im Gegenteil, ich erhoffte es weiter. Und ich ahnte, daß es intensiv und glühend sein würde. Wie die Sonne, die befreiend ist. Dieses Licht ohne Gesicht und Namen spürte ich manchmal über mir, und es durchdrang mich jedesmal, wenn ich tanzte. Besonders wenn ich nach einer Choreographie auf mystischer Grundlage tanzte. Solche Tänze waren oft von orientalischer oder hinduistischer Tradition inspiriert. Ich tanzte sie besonders gern. Aber sie verwirrten mich auch sehr. Bei ihnen war, wie man so sagt, „mein Latein am Ende". Diese Musik sprach mir von Gott, aber mit anderen Worten, mit einem anderen Akzent. An einem Tag tanzte ich für Buddha, an einem andern für Wischnu. Ich geriet schließlich in eine geistige Verwirrung, bis ich selbst nicht mehr wußte, was mein Glaube war. Alles floß zusammen. Das entsprach aber keineswegs meinem Charakter. Ich brauchte Klarheit und Transparenz. Ich wollte einen vollkommenen Einklang erreichen zwischen der von mir gewählten Kunst und dem gesuchten Lebenssinn.

Diese „mystische" Krise — nennen wir es einmal so — begann im gleichen Augenblick wie meine Verletzung am Knie. Ich war doppelt niedergeschlagen. Ja dreifach, denn ich zweifelte gleichzeitig an der Opéra, an meiner Gesundheit und an mir selbst. Ich mußte da heraus, mein Gleichgewicht wiederfinden, und sei es, daß ich wieder bei Null anfinge. Ich war damals von einem unerhörten geistigen Durst durchdrungen, Gott zu erkennen. Ich wollte wissen, wer mein Gott, was mein Glaube war. Ich wollte unter allen Umständen meinen Weg finden, die Antwort auf alle meine Fragen.

Kein Buch erreichte mein Herz

Nächtelang habe ich damals gelesen. Ich las jede Nacht ein Buch aus. Ich suchte in meinem Umkreis alle Bücher zusammen, die sich mit der Geschichte der Religionen und mit dem Leben der großen Mystiker befaßten. Ich wählte aus ohne Vorurteil oder vorgefaßte Meinungen. Über fast alle Religionen informierte ich mich: Islam, Hinduismus, Buddhismus, Judentum, Christentum und transzendentale Heilslehren. In den vielen hundert Seiten suchte ich begierig den Satz oder das Wort, bei dem es „einrastete", mit dem all meine Zweifel beseitigt sein würden.

Ich muß gestehen, daß mich diese nächtliche Lesewut allmählich physisch erschöpfte. Morgens konnte ich nur schwer aufstehen. Damals lief ja die Vorbereitung zur Prüfung als Erste Tänzerin. Ich kam mit rot umrandeten Augen, blaß und mürrisch in der Opéra an. Gegenüber meinen Kolleginnen benahm ich mich aggressiv. Ich fühlte mich ständig überwacht und natürlich unverstanden. Wie hätte es anders sein können? Wem konnte ich mich öffnen, mich anvertrauen? Niemandem. Im übrigen war ich dazu auch gar nicht fähig. Ich saß in der eigenen Falle gefangen. Auf wen konnte ich mich verlassen? Aber ich spürte, daß ich allein nicht die Kraft aufbringen würde, diesen neuen Kampf zu führen. Mein Wille hatte sich jedoch derart gefestigt, daß ich überzeugt war, ich könnte durchhalten und weiterhin meinen Weg suchen.

Ich verschlang also eine Menge von Büchern. Dabei lernte ich viel. Mit Wissen war ich vollgestopft. Aber ich wurde nicht satt. Kein Buch erreichte mein Herz. Gott weiß, daß ich guten Willens war! Gewiß, einige Bücher hatten mich begeistert. Zum Beispiel die über den Hinduismus. Dort fand ich all das wieder, was ich während meiner Yoga-Kurse geübt hatte. Ein bestimmter Zustand des Geistes, eine Philosophie des Friedens, eine Schule der Gewaltlosigkeit. Aber ich hatte das Gefühl, daß der Hinduismus mir nicht die Erfüllung geben könne, die ich erwartete. Trotz des Friedens, den er mir gab, füllte er nicht diese Leere, sättigte er nicht den seelischen

Hunger, den ich in mir spürte. Ich war noch immer unbefriedigt.

Ich hatte auch die Werke der beiden großen christlichen Mystiker Johannes vom Kreuz und Teresa von Avila gelesen. Besonders Teresa interessierte mich. Ihr gesunder Menschenverstand, ihre Freude, ihre Begeisterung bestärkten mich. Ich fühlte mich ihr in vielem ähnlich. Diese Frau, die von Spontaneität sprühte und einen erstaunlichen Humor besaß, faszinierte mich.

Die heilige Teresa von Avila verkörperte für mich jene Art von Verrücktheit, bei der die Vernunft von der Begeisterung überwältigt wird. Dagegen störte es mich, daß in ihren Büchern kein einziger Hinweis auf die künstlerische Arbeit vorkommt, von der ich seit meiner Kindheit geprägt wurde. Ich war auch sehr erstaunt über einen gewissen Konflikt mit dem eigenen Körper, dem sie erlag und der ihr ganzes Werk durchzieht. Das verstand ich nicht. Im Tanzen hatte ich durch Askese eine Art von Einverständnis zwischen Geist und Körper erreicht. Sogar eine Einheit. Dieser Dualismus bei Teresa war mir ganz und gar fremd. Ich führte ihn auf das 16. Jahrhundert zurück, die Zeit, in der sie gelebt hatte. Diese ungewöhnliche Frau hatte mein Herz getroffen. Aber noch nicht stark genug.

Da war also mein Licht: Jesus

Und dann habe ich eines Nachts das Evangelium aufgeschlagen. Ich will nicht sagen zufällig. Ich war begierig zu lesen. Aber ich zögerte die Lektüre immer wieder hinaus, weil ich intuitiv etwas befürchtete. Ich dachte, hier läge ein Schatz vergraben, und ich hatte Angst, ihn zu heben. Doch da ich sah, daß die anderen Bücher mich nicht voll befriedigen konnten, habe ich schließlich gewagt, das Neue Testament zu lesen.

Ich habe es in einem Zug gelesen. Wie eine Entdeckung des neuen Tages. Ich sog die Sätze in mich ein, ich war hingerissen. Ich lebte ganz im Rhythmus des Gelesenen. Ich lief die Pfade von Judäa und Galiläa entlang, Seite für Seite, ohne den Atem zu verlieren. Ich hörte, sah, fühlte mehr als ich las. Ich hatte heiße Wangen: endlich! Das war also mein Licht: Jesus.

Ich war erschüttert. Dieser Jesus war einzig. Er hatte die Menschen so tief verstanden, daß er ihre Leiden nicht nur freiwillig auf sich nahm, sondern sie auch verklärte. Ich sagte mir, daß eine Person, die die menschliche Natur so gut erkannte, nur Gott sein konnte. Diese Offenbarung Christi erfüllte mich mit Gewißheit. Ich war durchstrahlt von ihm. Besonders jene Aussage, die der Evangelist Matthäus überliefert, hatte mich wie ein Blitz getroffen: „Kommt zu mir alle, die ihr leidet, werft eure Last auf mich, und euer Joch wird leicht sein. Lernt von mir, denn ich bin gütig und von Herzen demütig." Für mich war das der entscheidende Satz. Er traf mich direkt, und zur rechten Zeit. Er befreite mich von der Last, die mich bedrückte. Dieser Ruf Christi übertraf bei weitem die Antwort, die ich lange gesucht hatte. Er bot sich mir an. Ich begriff, daß die Schule der Schulen nicht die Opéra war. Sondern Christus. Die Opéra war nicht mehr mein Heiligtum. Dieses Heiligtum der Schönheit, dem ich meine schönsten Jahre hingegeben hatte, war auch ein Ort der Eifersucht und der Eitelkeit. Ich fühlte mich dort nicht mehr in Frieden. Durch Jesus hatte ich ein anderes Heiligtum, das wahre, entdeckt. Das der Liebe. Ich wurde umgepflügt wie ein lockerer Boden, all die Werte, an die ich glaubte — Güte, Gerechtigkeit, Mitgefühl —, kamen plötzlich an die Oberfläche. Jesus, der mich umpflügte, machte das wahr. Wichtig sind Güte und Demut.

Diese Offenbarung Jesu war für mich die größte Erleuchtung meines Lebens. Ich war erschüttert, wie man es nur sein kann, wenn man nach vielen Jahren der Trennung einen sehr lieben Freund wiederfindet. Ich war wahrhaftig der Person Jesus begegnet. Er antwortete — und mit welcher Kraft — auf alles, was ich seit meiner Geburt, wenn nicht früher, gesucht hatte. Diese Antwort war alterslos. Ich erhielt das ewige Leben. Ich entdeckte einen, in dem ich von Anbeginn existiert hatte, in dessen Armen ich sterben und wieder auferstehen würde. Ich hatte mir so viele Götter in meinen Idealvorstellungen geschaffen; aber jetzt wurde ich ergriffen von der Wirklichkeit des lebendigen Gottes.

Ich kannte Jesus seit langer Zeit. Aber eben nur, wie man sagen könnte, dem Namen nach. Die einzige Stunde, an der ich an ihn hätte glauben können, war die Stunde meiner Erstkommunion. Danach bedeutete mir der Name Jesu nicht mehr und nicht weniger als ein kultureller Begriff unter vielen andern.

Im Elternhaus wurde über Jesus oder über Religion übrigens nicht viel gesprochen. Meine Eltern waren gewiß von Hause aus Christen, besonders meine Mutter mit elsäßischen Vorfahren, aber sie praktizierten nicht.

Großvater, mein „Vorläufer"

Dennoch war ich vorbereitet auf diese Begegnung mit Christus. Ich hatte einen „Vorläufer", einen unvergleichlichen Johannes den Täufer: meinen Großvater. „Großpapa Eugène", wie wir ihn nannten, war der Vater von sechs Kindern, unter ihnen Mama. Er hatte sein ganzes Leben bei der Eisenbahn gearbeitet. Jeder schätzte ihn wegen seiner außerordentlichen Autorität und Standfestigkeit. Ich glaube, daß er in seiner

Umgebung viel Ehrfurcht und Respekt einflößte. Er wurde wirklich seiner Rolle als „Pater familias" gerecht. Wenn er sprach, hörte jeder ihm zu, als enthülle ein Patriarch seine Geheimnisse.

Mein Großpapa faszinierte mich. Von seiner Persönlichkeit ging eine Klarheit aus, die aus seinen hellen blauen Augen strahlte. Ich mußte ihm immer in die Augen sehen. Sie vermittelten mir eine unerschütterliche Zuversicht. Und dann hat er eine Sicherheit, die alles andere überragte: seinen Glauben. Der war unerschütterlich. Tief verankert und solide wie ein Fels. Er hatte gleichsam den Glauben für die ganze Familie. Er war unser „letzter Mohikaner".

Großpapa hatte derart aufdringlich versucht, seinen Kindern den Glauben zu übermitteln, daß er sie schließlich eher entmutigte, ja, er es ihnen verleidete, ihren Glauben zu praktizieren.

Er spielte gerne den Störenfried, er war ein Provokateur, wie er im Buche steht. Er hatte immer ein Gleichnis oder eine Szene des Evangeliums zur Hand. Ich sehe ihn noch vor mir, wie er bei einem Familienessen leidenschaftlich über eine biblische Geschichte oder Aussage Jesu sprach. Auf diesem Gebiet war er unerschöpflich. Ich war einfach von ihm begeistert. Er konnte tausendmal die gleiche Geschichte erzählen, ich hörte ihm dennoch zu und hatte jedesmal wieder Spaß daran. Ich erinnere mich noch gut an eines seiner Lieblingsthemen. Er sagte, daß Gott von dem, der die Gabe des Glaubens empfangen habe, viel mehr verlange als von den andern, weil der Glaube Frucht bringen müsse. Damit rechtfertigte er sein Verhalten. Er nahm sich vor, den Glauben auszusäen, so gut er nur konnte, über ihn zu sprechen, ihn zu verkündigen. Ich muß gestehen, daß er eine gewisse Begabung zum Reden hatte und sich ihrer zu bedienen wußte. Vielleicht nicht überzeugend genug, um den Rest der Familie zu bekehren. Aber ich ahnte, daß mein Großpapa einen verborgenen Schatz haben müsse, um so mutig und wirkungsvoll sprechen zu können. Ich sammelte und speicherte all seine Worte in meiner kleinen inneren Scheune. Früher oder später, dachte ich, würde ich den gleichen weiten Horizont wie mein Großvater erreichen.

Im Laufe der Jahre wurden wir mehr und mehr zu Komplizen. Ich konnte ihn, wegen der Opéra, nicht oft in den Ferien besuchen. Doch jedesmal, wenn wir uns trafen, beglückwünschte er mich wegen meiner Karriere. Er war sogar sehr stolz darauf. Aber sein Glaubenszeugnis war wichtiger. Schon wenn ich ihn sah, schien er mir die Wahrheit zu verkörpern, die ich suchte. Auf seine Weise machte mir auch mein Großpapa Mut, das Licht zu finden. Damit wird schon verständlich, was er in meinem Leben bedeutet.

Man hatte mir die Garderobe in der Opéra genommen

Während ich diesen inneren Aufruhr erlebte, spielte mir die Opéra weiter übel mit. Ich war zwar dem Namen nach Erste Tänzerin, aber mir wurden die Rollen zugeteilt, um die sich sonst niemand bemühte. Außerdem war ich in einem Zustand äußerster Erschöpfung. Ich hatte eine wahre Gewaltanstrengung unternommen, um trotz meiner Knieverletzung die Prüfung zu bestehen. Zu dieser körperlichen Schwächung kam noch der offensichtliche Mangel an Schlaf, der von den vielen mit Lesen verbrachten Nächten herrührte. Ich war wirklich am Ende meiner Kräfte. Bald nach der Prüfung bekam ich eine ernsthafte exsudative Gelenkentzündung. Ich mußte drei Monate aussetzen.

Als ich zur Opéra zurückkehrte, war ich wie vor den Kopf gestoßen! Ich hatte keine Garderobe mehr. Man kannte mich nicht mehr. Der Name an meiner Garderobentür war verschwunden. Man hatte mich tatsächlich hinausgeworfen. Zurückgestoßen. Eine Prüfung, die mir immer wieder im Leben auferlegt wurde. Ich habe mich oft verdrängt, übergangen gefühlt. Das ist eine schreckliche Erfahrung, man ist plötzlich allein auf der Welt. Aber ich bin immer wieder damit fertig geworden. Man stirbt nicht an dieser Art Erniedrigung.

Die Garderobe ist für eine Tänzerin tatsächlich ein Symbol. In ihrer Garderobe verwandelt sie sich, wird die Raupe zum Schmetterling, wird sie zur Tänzerin. Sie gehört zum kostbaren Bereich ihrer Intimität. Sie ihr wegnehmen ist ebenso grausam wie einem Schmetterling die Flügel abschneiden. Ich mußte mich also jedesmal, wenn ich in der Opéra tanzte oder an einem Kurs teilnahm, im Treppenhaus umziehen. Das war eine abnorme Situation. Ich kam mir wie eine Fremde vor in dem Haus, in dem ich gleichsam zum Tanzen geboren wurde und Tag für Tag aufgewachsen war. Während meiner Genesung hatte die Opéra eine neue Leitung bekommen. Da ich nicht anwesend war, konnte ich nicht all die notwendigen Schritte tun, die sich automatisch bei der Einsetzung einer neuen Leitung ergeben. Das betrifft besonders die Erneuerung meines Vertrags. Nach dem geltenden Reglement war ich also nicht mehr feste Angestellte der Opéra. Deshalb auch die Verdrängung aus meiner Garderobe.

Diese Situation konnte ich kaum ertragen. Ich war am Rande einer Depression. Es war mir, als hinge ich am Rande eines Abgrunds, der immer tiefer wurde. Ich ging nur noch zur Opéra, um Rollen einzustudieren, die mir völlig widerstrebten. Alle klassischen Partien wurden mir vorenthalten. Ich bekam nur noch Rollen, die in offenkundigem Widerspruch standen zu meinem künstlerischen Stil und meiner Sensibilität. Man ließ mich in Balletten auftreten, bei denen ich nicht einmal mehr meine Tanztechnik anwenden konnte.

Nein, dazu war ich wirklich nicht Tänzerin geworden, um zum Beispiel die Liebe in häßlicher und erniedrigender Weise zu interpretieren. Die Rollen, die mir da auferlegt wurden, waren das reine Gegenteil von dem, was ich unter Liebe und Kunst verstand; sie waren mir persönlich zuwider. Ich litt während des Einstudierens physisch darunter, bis zum Brechreiz. So konnte ich nicht weitermachen. Und das alles mußte ich noch ertragen, während ich mich inmitten einer „mystischen" Krise befand!

Ich fing an, die Schule zu schwänzen. Zum ersten Mal in meinem Leben. Aber ich hatte wenig Auswahl: Ballette tanzen, die mir widerstrebten, oder einfach zuhause bleiben. Und Letzteres habe ich getan. Ich fehlte mehr und mehr bei den Übungsstunden. Ich verschanzte mich zuhause hinter dicken Büchern über Spiritualität. Dort fand ich zugleich Trost und Kraft zu der Hoffnung, die ich brauchte. Ich wollte vor allem die Plakate an der Opéra nicht mehr sehen, die mich in Rollen ankündigten, die mein Gewissen vergewaltigten.

Als Antwort auf meine immer häufigere Verweigerung löste die Opéra meinen Vertrag. Einige Wochen vor diesem Gnadenstoß traf ich zufällig in den Gängen der Opéra Rudolf Nurejew. Er tanzte 1965 noch nicht in Frankreich, sondern im Covent Garden in London. Jeder wußte, daß er vorhatte, in unserem Land zu arbeiten. Freunde hatten mich wissen lassen, daß er an mich als Partnerin dachte. Wir begegneten uns also und plauderten eine Weile:

„Was ist los? Man sieht Sie ja gar nicht mehr?" sagte Nurejew und blickte mich forschend, doch wohlwollend an. Ich antwortete ihm, ich habe Schwierigkeiten. Ich erinnere mich, daß er überrascht war und mit deutlich russischem Akzent erklärte: „Was heißt Schwierigkeiten? Das besagt doch nichts. Sie müssen weiterarbeiten. Und dann, Sie werden sehen, stehen Ihnen alle Türen weit offen!"

Nurejew beeindruckte mich sehr. Wie alle Tänzerinnen, hatte ich davon geträumt, mit ihm aufzutreten. Er besaß dazu noch jenen slawischen Charme, für den ich immer empfänglich war. Und dann: welche Klasse, welche Begabung, welcher Stil, welche Majestät! Es war übrigens nicht das erste Mal, daß ich ihn traf. Ich hatte schon einmal das Glück, mit ihm zu arbeiten, mit 18 Jahren, in Monte Carlo, bei Maria Bezobrasowa. Unter Freunden hieß er „Rudi". Ich war damals sehr beeindruckt von dem Interesse, das er mir entgegenbrachte. Er erteilte mir freigiebig manche Ratschläge und Ermunterungen. Ich hatte bald darauf Gelegenheit, meinen Traum zu verwirklichen und mit ihm zu tanzen, kurz bevor ich die Opéra endgültig verließ. Aber ich war nicht mehr in bester Form. Leider! Ich hatte mich zu sehr beim Bücherverschlingen erschöpft. Das spürte ich physisch. Trotzdem wurde ich noch einmal Partner von Rudolf Nurejew nach meinem Weggang von der Opéra. Ich habe mit ihm als Star in „La Belle au bois dormant" getanzt, ein Ballett, das Rosella Hightower in Barcelona inszeniert hatte. Aber ich war ganz und gar nicht in Form. Das machte mich traurig. Mein Traum als Tänzerin erfüllte sich nicht unter den besten Bedingungen. Ich muß heute darüber lächeln, wenn ich daran denke, daß die Türen, von denen Nurejew sprach, sich nicht zu meinem künstlerischen Ruhm öffnen sollten, an den er dachte. Ich dachte damals freilich nicht mehr daran. Durch die Auflösung meines Vertrags an der Opéra beschleunigte sich allerdings der Gang der Dinge erheblich.

Ich stand also da ohne Beschäftigung, ohne Zukunft, ohne Ziel. Ich will nicht von der Stimmung reden, die zuhause herrschte! Meine Eltern waren aufs Äußerste beunruhigt. Ich glaube sogar, sie waren mir böse. Denn schließlich hatte ich durch mein Verhalten diese Situation provoziert. Ich selbst war ratlos und wußte nicht, wie es weitergehen sollte. Ich war wie ein vom Kurs abgekommenes Schiff. Mein einziger Trost war, daß ich aus dem Glauben, der wieder in mir lebendig geworden war, schöpfen konnte. Er schwankte nicht, keineswegs. Im Gegenteil, ich brannte vor Ungeduld, ihn ans Tageslicht, zum Glühen zu bringen, ihn zu leben. Ich mußte eine Möglichkeit finden, bei Jesus in die Lehre zu gehen. Einen Ort, eine Entscheidung, die mir den Frieden gab. Seinen Frieden!

Erster Kontakt mit dem Karmel

Eines Tages besuchte mich eine Freundin, die mir, als ich klein war, Unterricht in der Geschichte des Tanzes gab. Ich sprach ganz offen mit ihr über meine Lage. Ich berichtete ihr von all meinen Problemen an der Opéra und vor allem von meiner religiösen Umkehr. Sie riet mir, ich solle mit einer ihrer Nichten, die im Karmel von Limoges lebte, Verbindung aufnehmen. Ich könne mich am Telefon auf sie berufen und einen Besuch vereinbaren, um mit ihr meine seelische Lage zu besprechen. Sie war kaum gegangen, da nahm ich den Hörer ab und wählte die Nummer des Karmel. Die genannte Nonne kam an den Apparat. Ich erzählte ihr meine ganze Geschichte und fragte sie, ob ich einige Tage zur Besinnung in ihr Kloster kommen könne. Und ich insistierte: So schnell wie möglich sei am besten. Ich hatte es sehr eilig!
Am nächsten Tag nahm ich den Zug nach Limoges. Als ich im Kloster ankam, blieb ich vor dem Gitter stehen. Zum ersten Mal in meinem Leben betrat ich ein Karmelitinnenkloster. Ich empfand ein unsagbares Gefühl der Erleichterung. Dieses Gitter stieß mich nicht ab. Es verhieß mir den Frieden. Es entsprach dem von mir gewollten Bruch mit all den tänzerischen Aufträgen, die ich nicht ausführen wollte,

den Bruch mit diesem Leben voller Eitelkeiten. Freilich befand ich mich auf der Flucht. Doch ich wollte nicht fliehen um des Fliehens willen. Ich hatte ein Ziel: Gott finden! Ich wollte „fliehen, um mich in Gott zu flüchten". Wie der heilige Augustinus sagt: „Fliehen in Gott, der überall gegenwärtig ist."

An diesem Tag verweilte ich lange, ganz allein, in der Kapelle des Karmel. Ich habe sehr inständig gebetet vor dem großen Christus am Kreuz. In diesem Zwiegespräch war ich wie der Gegenwart enthoben. Ich weiß nicht mehr, wie lange ich unbeweglich vor diesem riesenhaften Kreuz ausgeharrt habe. Es war, als sei die Zeit stehengeblieben. Hier habe ich plötzlich gewußt, daß ich mich auf den Eintritt in den Orden vorbereiten sollte. Das war der Weg, den mir Jesus zeigte, tief im Innern meines Herzens. Ich war davon so überzeugt, als hätte Jesus selber sich mir zugeneigt und gesagt: „Komm und folge mir." Ich hatte die Gewißheit, daß ich mich zu einem ganz Gott hingegebenen Leben entscheiden mußte.

Anschließend habe ich einen Besuch bei der Mutter Oberin gemacht, die mir lange zugehört hat, mit einem Wohlwollen, das mich sehr bewegte. Sie schlug mir vor, zehn Tage im Karmel zu bleiben. Man führte mich, auch das zum ersten Mal, in eine kleine Zelle. Ich habe die zehn Tage in einem Zustand der Freude verbracht, wie ich ihn vorher nie erlebt hatte. Jeder Tag bestärkte mich darin, daß man sein Leben, in Gemeinschaft mit andern, auf Christus ausrichten konnte. Jene, die Gott liebten, waren also keineswegs isoliert. Ganz im Gegenteil. Ich machte zum ersten Mal die Erfahrung, daß ich meinen Glauben mit andern teilen konnte. Hier, endlich, konnte ich mich ausdrücken, sprechen, lachen im Namen Gottes! Alle die Ordensfrauen, die mich umgaben, waren der Beweis dafür, daß Jesus es wert war, daß man alles ihm zuliebe verließ. Ich fühlte mich diesen „Verrückten Christi" eng verbunden. Ich beneidete sie sogar!

Dieser erste Aufenthalt im Karmel bleibt mir strahlend in Erinnerung. Ich lebte im Rhythmus der Ordensfrauen. Ich betete, meditierte, sang mit ihnen. Ich nahm an den Zeiten der Rekreation teil. Ich erinnere mich, daß ich viel gelacht habe mit einer Nonne, die mimisch begabt war. Ich habe sogar vor dem ganzen Konvent getanzt. Ich machte jeden Tag meine Übungen an der Stange, indem ich mich auf den Fensterrahmen meiner Zelle stützte. Ich übte weiter, einzig für Gott. Die Schwestern waren begeistert von der kleinen Vorführung, die ich für sie allein im Großen Sprechzimmer veranstaltete. Sie konnten übrigens bei all meinen Tanzübungen dabei sein. An diesem Tag war mir ihr Beifall mehr wert als all die Hochrufe und Vorhänge im Theater.

Doch dann mußte ich nach Paris zurückkehren. Dort stand ich wieder vor all meinen Problemen: Ich war arbeitslos, meine Eltern und meine Freunde redeten mir zu, wieder zu tanzen, diese ganze Welt der Eitelkeiten. Das war ein wirklicher Alptraum nach den zehn Tagen des Friedens im Karmel! Ich wußte nun, welchen Weg ich zu gehen hatte. Ich wollte Ordensfrau werden. Ich hatte ein Ziel. Doch zunächst mußte ich meinen Lebensunterhalt verdienen. Ich verhandelte deshalb mit dem amerikanischen Choreographen Josef Russillot, der gerade in Paris war. Wir haben viel zusammen gearbeitet, vor allem bei der Gestaltung von Balletten. In einem Ballett symbolisierte die von mir getanzte Rolle den Frieden. Unsere Zusammenarbeit machte mir wieder Mut. In mir erwachte wieder die Freude an einem Tanzen, das ich mit innerer Harmonie vollziehen konnte.

Zu dieser Zeit lernte ich Pater Saint-Estehen, den Seelsorger der Tänzer, kennen. Ich sprach mit ihm über meinen Wunsch, in einen Orden einzutreten. Er riet mir, mit dem Karmel von Montmartre in Paris Verbindung aufzunehmen. Ich bat die Mutter Oberin um ein Gespräch, und sie sagte sofort zu. Ich erzählte ihr von meinem Lebensweg und meinem Wunsch, in einen Orden einzutreten. Mit Spannung erwartete ich ihre Antwort. Sie sagte mir sehr ernst und in einem sehr bestimmten Ton, daß ich zu einer Psychologin gehen solle. Das würde von allen Mädchen verlangt, die in diesen Karmel eintreten wollten. Abschließend sagte sie kategorisch, ich sei nicht als Ordensfrau geeignet, schon gar nicht als Karmelitin, und sie würde sich auf jeden Fall formell dagegen aussprechen. Ich fiel buchstäblich aus allen Wolken. Das war das absolute Gegenteil von dem Entgegenkommen, das ich im Karmel von Limoges erfahren hatte. Ich verstand diese unnachgiebige Zurückweisung nicht, die mir wie ein Stein vor die Füße geworfen wurde. War ich doch nicht so durchschaubar, wie ich dachte? Hätte sonst eine Frau, die ihr ganzes Leben Gott geweiht hatte, nicht aus meinem Herzen wie aus einem aufgeschlagenen Buch lesen können, wie intensiv und entschieden mein Glaube war? Zum ersten Mal erlebte ich, daß jemand an meiner Umkehr zweifelte. Und ausgerechnet eine geistliche Tochter der heiligen Teresa von Avila.

Da ich unter den gegebenen Umständen keine andere Lösung sah als die von der Mutter Oberin vorgeschlagene, ging ich zu der vom Karmel empfohlenen Psychologin. Ich dachte daran, daß sie mir vielleicht auch helfen könne, meine physische Müdigkeit zu überwinden, die mich nicht mehr verließ. Diese Erfahrung wurde zur schweren Prüfung. Sie dauerte fünf Jahre lang. Der Psychologin ging es vor allem darum, daß ich mein natürliches Gleichgewicht wiederfände. Alles, was mit meinen religiösen Überzeugungen zu tun hatte, interessierte sie nicht. Sie verweigerte mir sogar das Recht, einen Priester aufzusuchen. Aber gerade das hatte ich am allernötigsten. Ich hatte den unbändigen Drang, meinen Glauben, die Ernsthaftigkeit meiner Berufung zu erklären. Ich wollte eindeutig und klar mein inneres Leben bezeugen, dort lag der Schlüssel für mein spirituelles Abenteuer und meine physische Erschöpfung. Aber die Psychologin und ich — wir sprachen nicht die gleiche Sprache. Wir hatten verschiedene Register gezogen. Ich konnte, so meinte ich, mein eigenes Gleichgewicht nur wiederfinden, wenn mir eine Möglichkeit eröffnet würde, die Intensität meiner Überzeugung darzulegen. Aber gerade das konnte ich nicht. Die Psychologin sah das Problem so gelöst: Wenn ich Ordensfrau werden wollte, müßte ich zuerst mein natürliches Gleichgewicht wiederfinden; und dazu müßte ich wieder vollberuflich Tänzerin sein. Für sie war das klar wie Quellwasser. Für mich schwarz wie Tinte.

Ich habe also neu Beschäftigung als Tänzerin gesucht. Die Türen der Opéra öffneten sich nicht mehr für mich. Alles, was man mir sonst anbot, waren Rollen, die meine Sensibilität erstickten. Doch ich mußte mich, todtraurig, damit abfinden, diese Art von Ballett zu tanzen. Ich unterschrieb eine Reihe von Verträgen mit amerikanischen und französischen Tanzgruppen, die sich auf ein bestimmtes Genre von Ballett spezialisiert hatten. Ich habe diesen inneren Widerspruch fünf Jahre lang wie ein mir auferlegtes Fegefeuer ertragen. Ich mußte ja meinen Lebensunterhalt verdienen! Ich war gezwungen zu Tanzfiguren, die mir widerstrebten. Und das Paradoxe daran: Ich wurde dazu gezwungen, damit ich mein Gleichgewicht wiederfände. Doch ich dachte, daß sich am

Ende dieses Weges die Tür des Karmel für mich öffnen würde.

Nein. Ich stieß gegen Härte und Unbeugsamkeit der Mutter Oberin. Sie weigerte sich weiterhin, mich in ihren Konvent aufzunehmen. Ich fand, daß ich für die erneute Zurückweisung einen zu hohen Preis gezahlt hatte. Aber es war wie am Anfang meiner Tanzlaufbahn: Ich gab nicht auf. Ich wollte, wollte, wollte Ordensfrau werden!

„Noviziat" beim Großvater

Damals war ich 28 Jahre alt. Nachdem ich diese schreckliche Zurückweisung etwas verkraftet hatte, bot sich mir, zum Glück, die Gelegenheit, in Ferien zu gehen, seit langem wieder einmal. Ich fuhr zu meinem Großvater in sein kleines Haus am Mittelmeer, in St.-Mandrillé bei Toulon. Welches Glück! Wir waren endlich wieder einmal zusammen, mitten im Sommer, und hatten uns so viel zu erzählen. Ich war begeistert, meinen Großpapa, meinen wunderbaren Propheten wiederzusehen, der, wie ich, von Gott ergriffen war. Ihm konnte ich mein Herz weit öffnen; ihm im Angesicht des Meeres meine Geheimnisse anvertrauen; mit ihm unter den Pinien meine Hoffnung teilen. Oh, diese Ferien! Sie waren die köstlichsten meines Lebens.

Wir waren beide wie Kinder. Glücklich, unter dem gleichen Himmel zusammen zu sein, einem Himmel, der das Auge erfüllt und die Seele beflügelt. Ich weiß nicht, wer von uns beiden am meisten Kind war! Für meinen Großvater war die Geschichte mit der Psychologin nicht der Rede wert. Und alle anderen Probleme, mit denen ich mich herumschlug, auch nicht. „Du bringst das alles schon wieder ins Gleichgewicht", sagte er mit einem unnachahmlichen Spitzbubengesicht. Er gab mir den Rat, Exerzitien zu machen. Dabei könnte ich über meine Berufung nachdenken und vor allem mit einem Priester sprechen. Er nannte mir die Adresse eines Klosters in der Nähe von Paris.

Gegen den Rat meiner Psychologin, aber sehr ermuntert von meinem Großpapa, machte ich in Tigery drei Tage Exerzitien, zusammen mit anderen unverheirateten Frauen. Dort begegnete ich Pater Prunières, der ein Hilfswerk für ausländische Studenten gegründet hatte. Bei ihm fand ich uneingeschränkte Unterstützung: „Sie müssen Ihre Berufung verwirklichen", sagte er. „Vergessen Sie nie, daß es Gottes Wille ist, unsere Konflikte zu lösen." Er riet mir dringend, wieder mit Limoges Verbindung aufzunehmen, weil ich noch in Erinnerung hatte, daß ich dort mit geistlichem Wohlwollen aufgenommen worden war. Ich fühlte mich nun „wieder bei Kräften", wie man sagte. Ich hatte nur eines im Sinn: meinem prächtigen Großpapa diese gute Nachricht so rasch wie möglich mitzuteilen.

Es fügte sich, daß sich gerade zu dieser Zeit der Gesundheitszustand meines Großvaters verschlimmerte. Man hatte ihn in ein Pflegeheim gebracht. Seine Ärzte wünschten, daß jemand bei ihm sei, und ich war sofort dazu bereit. Die ganze Krankheit meines Großvaters war sein Alter. Aber das war ein aufrechter und gestandener Mann, dabei von einer fast jugendlichen Frische. Und dann, welche Widerstandskraft! Er hatte alle Leute in Erstaunen versetzt, als er mit 80 Jahren noch schwimmen lernte. Und das machte er glänzend. In St.-Mandrillé war er in der ganzen Nachbarschaft bekannt. Man hatte ihn „den Helden des Strands" getauft. Das Wasser konnte noch so kalt sein, er ging schwimmen. Er hatte sonst nichts zu tun, also trieb er seinen Sport. Und dann widmete er sich noch jenem anderen Sport: dem Apostolat am Strand. Er sprach jeden an und erzählte ihm von Gott. In der Badehose, die Baskenmütze auf. Man muß sich die Szene vorstellen! Es war seine Leidenschaft, bei jeder Gelegenheit von Gott zu sprechen. Seine Frau machte sich oft lustig über ihn: „Er fühlt sich immer auf der Kanzel, er kann nicht aufhören zu predigen."

Mein Großvater besaß außerordentliche intellektuelle Fähigkeiten. Er wußte über alles Bescheid, was in der Kirche vor sich ging. Er bekam die wichtigsten Neuerscheinungen in Theologie und Exegese zugeschickt. Bis zu seinen letzten Lebenstagen machte er sich Notizen, auch auf den Seiten, die er gelesen hatte. Manchmal schrieb er auch an Autoren und erläuterte ihnen seinen gegenteiligen Standpunkt. Er sprühte vor Leben und Aktivität. Es machte Freude, sich in seinem Schatten niederzulassen.

Ich habe damals zwei Monate an seiner Seite gelebt. Wir haben uns wie zwei Verrückte amüsiert. Eigentlich habe ich mein Noviziat bei ihm gemacht. Wir waren vollständig aus dem Häuschen. Ein Spaß folgte dem anderen, gar nicht zu reden von dem Unfug, den wir trieben. Ich erinnere mich, daß ich Bügeleisen, natürlich kalte, in seinem Bett versteckte. Aber auch Früchte und andere Gegenstände. Ich entdeckte meine verborgenen Talente für Streiche jeder Art. Und mein Großvater blieb mir nichts schuldig. An besonders heißen Abenden kam er mit einem Krug Wasser an mein Bett und sagte: „Das ist meine Rache für das Bügeleisen!" Ich war naß bis auf die Knochen. Dann fügte er boshaft hinzu: „Auge um Auge, Zahn um Zahn. Ganz meiner Religion gemäß!" Und ich antwortete: „Ja, aber die steckst noch im Alten Testament." Unsere Späße waren unerschöpflich.

Mein Großvater betete, wenn er nachts nicht schlafen konnte, den Rosenkranz; oft die ganze Nacht. Manchmal kam er nach Mitternacht in seinem zu kurzen gestreiften Schlafanzug, mit wehender weißer Mähne, die blauen Augen hinter der Brille, um mir eine seiner Einsichten oder seiner Überlegungen beim Beten mitzuteilen. Er war bewundernswert! Er hatte seinen eigenen Lebensstil, Humor und Intelligenz dienten seinem Glauben. Bei ihm zu leben — das war das ideale Noviziat für mich. Wir feierten jeden Tag die heilige Messe mit. Mein Großvater tat das schon seit Jahren. Doch das war keine Gewohnheit für ihn, sondern die wichtigste Stunde des Tages. Ich wußte auch, daß er einmal im Monat eine ganze Nacht am Gebet in Sacré-Cœur von Montmartre teilnahm.

Während dieser zwei glücklichen Monate beschlossen mein Großvater und ich, den Rat von Pater Prunières in die Wirklichkeit umzusetzen. Ich nahm Verbindung mit dem Karmel in Limoges auf, und man nannte mir ein Datum für meinen Eintritt. Dieses Mal wollte ich meine Berufung verwirklichen. Meine Hartnäckigkeit war nicht vergebens gewesen. Jesus öffnete mir seine Arme weit.

II. Der Karmel

„Verrückt" nach Gott

1971. Mit 28 Jahren verläßt Mireille die „Welt". Ohne Bedauern, ohne die geringste Bitterkeit. Sie ging in die Abgeschlossenheit des Karmel, ohne zurückzuschauen. Ihr Blick ist auf das Nachher, die Zukunft, den heraufkommenden Tag gerichtet. Sechs Jahre sind vergangen, seit sie ihr erstes Heiligtum, die Opéra, verlassen hat. Adieu, ihr Könige und Götter der Opéra! Adieu, ihr Menschenmengen, die euch wie Stürme umbrausten! Adieu, ihr Girlanden und Blumenangebinde! Adieu, Luxushotels, Kleiderproben, Schminktisch und Post von Bewunderern! Diesmal ist der Vorhang wirklich gefallen.

Allein, nur unterstützt von ihrem Großvater, hat Mireille den Weg in den Karmel gewählt. Allein steigt sie auch am Bahnhof in Limoges aus. Ihre Eltern haben sie nicht begleitet. Das wäre zuviel verlangt gewesen. Diesmal geht sie endgültig von ihnen fort. Sie zieht sich freiwillig zurück. Sie wählt den geheimnisvollsten und mit dem Verstand nicht zu erfassenden Weg. Die Eltern haben deshalb den Eindruck, daß sie sich aus ihren Armen losreißt, die doch so bergend für sie waren. Ihre Liebe genügt ihr nicht mehr. Ihre Tochter forderte jetzt von ihnen das Opfer der Trennung, des großen Abschieds ohne Wiederkehr. Sie hat den Anker so weit draußen geworfen, daß die Eltern nicht mehr die Insel erreichen können, die sie sich ausgesucht hat. Das Meer, das sie umgibt, ist so groß wie der Himmel.

Monsieur Nègre ist bestürzt. Wie kann sich Mireille derart einem Glauben hingeben und ihm ihr ganzes Leben opfern? Undenkbar! Sie handelt absolut gegensätzlich zu dem, was er immer gedacht hat. Die Freiheit hat keinen Preis. Sie ist bestimmt nicht in kleine Münzen umzusetzen. Mireilles Vater ist mehr hoffnungslos als enttäuscht. Die Komplizenschaft im Künstlerischen, die ihn all die Jahre mit seiner Tochter verband, ist plötzlich zunichte geworden. Dieser ständige Frühling, der das Haus der Familie erfüllte, seit Mireille tanzte, weicht mit einem Schlag dem grauen und farblosen Winter. Monsieur Nègre, mit den Farben und Düften des Südens aufgewachsen, widerstrebt die nun einbrechende Kälte im Innersten. Er haßt sie sogar. Nach einem französischen Sprichwort bringt eine Schwalbe immer den Frühling. Aber der „kleine Vogel" hatte ihm jetzt den Winter gebracht. Das ist zu viel für ihn. Der Gram legt sich auf sein Gemüt wie eine Krankheit.

Madame Nègre versucht so gut wie möglich ihren Mann zu trösten. Doch das ist äußerst schwierig! Sie selbst trägt auch schwer am Weggang von Mireille. Aber sie hat seit langem etwas von ihrer Berufung geahnt. Sie wußte, wenn Mireille nicht tanzte, verbrachte sie ihre ganze Zeit damit, religiöse Bücher zu lesen, Kirchen und Klöster zu besuchen. Sie spürte, sie wußte es, aber sie hütete sich, mit ihrem Mann darüber zu sprechen. Sie fürchtete den Tag, an dem Mireille den entscheidenden Schritt tun würde. Dieser Tag ist nun gekommen. Auch ihr fällt es schwer, zuzustimmen, aber sie muß jetzt stark sein, um ihren Mann zu stützen.

Jacques, Mireilles älterer Bruder, ist am wenigsten überrascht in der Familie. Er weiß seit langem, daß seine Schwester fähig ist, bis an die Grenze ihrer selbst zu gehen. Die beiden sind ja nicht nur Bruder und Schwester von Geburt, sondern auch in ihrem Temperament. Jacques hätte ein bedeutender Pianist werden können. Er hat ein erstaunlich feines Ohr. Die beiden waren sich in vielem ähnlich. Die Kunst war gewissermaßen ihr Lieblingsspielplatz, der fliegende Teppich ihrer Kindheit. Aber Jacques hat das Klavierspielen aufgegeben und ist Agraringenieur geworden. Zu der Zeit, als Mireille ihre religiöse Krise hatte, gehört er der kommunistischen Partei an. Mireille hat sich nie

daran gestoßen. Ihr Bruder hatte immer ein ausgeprägtes sozia-
les Bewußtsein, er hätte dem Erstbesten sein letztes Hemd
geschenkt. Wie sie will er sein Ideal verwirklichen. Mireille ver-
liert jedoch ihren bevorzugten Vertrauten. Ihre Wege trennen
sich: Er hört auf die Partei, sie auf Jesus. Bleibt noch Marie-
Paule. Sie ist schockiert von der Entscheidung ihrer Schwester.
Jahrelang weigert sie sich, sie zu sehen oder mit ihr zu korre-
spondieren. Wie kam es, daß ihre ältere Schwester, die sie nur
mit Mühe einmal zwischen zwei Tourneen zu sehen bekam, sich
nun für immer eine gewollte Einsamkeit auferlegte, die sie nicht
begreifen konnte? Es war schon lange her, daß Mireille ihr
Zeichentalent übte, indem sie die jüngere Schwester in verschie-
denen Altersstufen porträtierte. Sie hielt Marie-Paule für aus-
gesprochen hübsch! Aber das war jetzt alles weit weg für sie.
Mireille empörte sie. Sie war verrückt, wenn sie nun ihre Kunst
und ihre schönsten Jahre opferte und sich in ein Kloster ein-
schloß.

Ja, sie war verrückt. Nach Gott. Niemand konnte sie davon
abbringen, bis ans Ende ihrer Verrücktheit zu gehen. Ihre Begeiste-
rung ist entwaffnend. Mireille glüht innerlich. Ihre Freude ist
immer größer, weil ihr Weg zu Christus jener Weg ist, den die
heilige Teresa von Avila mit ihrem kontemplativen Leben
erfüllt hat. Sie sieht sich schon zur Ehre Jesu im Chor der Kapelle
des Karmel tanzen, wie die heilige Teresa vor vierhundert
Jahren.

In tiefem Glück

Endlich lebte ich wieder auf! Ich verwirklichte den Ruf Christi. Ich antwortete ihm, indem ich mein ganzes Leben von
seinem Licht durchdringen ließ. Ich trat in den Karmel ein
wie in ein Gewächshaus, und er ist der Gärtner. Ich war
erfüllt. Die ersten beiden Jahre im Karmel habe ich in tiefem

Glück gelebt, ohne Schatten. Es war die Zeit des Noviziats, in der das Studium von Gottes Wort im Mittelpunkt stand. Ich war davon überwältigt. Endlich hatte ich richtig Zeit, meine Kenntnisse der Botschaft zu vertiefen, die mich so erschüttert hatte. Ich verbrachte viele Stunden damit, das Alte und das Neue Testament zu studieren — mit der Leidenschaft eines Goldsuchers. Ich wollte immer tiefer in die heiligen Texte eindringen. Wie beim Tauchen im tiefen Wasser, das ich so liebte, wollte ich dem Wort Gottes auf den Grund kommen.

Unter den gegebenen Umständen konnte ich nicht mehr tanzen. Aber ich tanzte dennoch auf andere Weise. Es konnte leicht passieren, daß ich auf dem Feld Tanzbewegungen machte, indem ich mich auf eine in den Boden gesteckte Heugabel stützte. Aber da überließ ich mich einmal ganz dem Einfall des Augenblicks. Eigentlich interessierte mich nichts anderes mehr als die Vertiefung meiner Gotteserkenntnis. Ich verbrachte meine Tage damit, mich erfüllen zu lassen von dem Wort, das in Christus Fleisch geworden war. Mich erfaßte sogar seine Stimme, die ich ständig in mir hörte. Ich glaube, daß ich das empfand, was eine soeben verheiratete junge Frau erlebte. Ich war von tiefem Glück erfüllt, weil ich jeden Tag meinen Geliebten, Jesus, meinen Gott, ein wenig besser zu erkennen glaubte. Ich schrieb jeden Tag meinem Großvater von dem Wunderbaren, das sich mir enthüllte. Ich ließ ihn, den Kranken, teilhaben an jener Liebe Jesu, die mich umfaßte. Er antwortete mir fast täglich. Ich gab ihm, glaube ich, nun dankbar jene zwei Monate „Noviziat" zurück, die ich vor meinem Eintritt in den Karmel mit ihm verbringen durfte. Seine Briefe zeigten mir, daß er meine Freude ganz teilte, daß er an meinem Hunger nach Gott teilnahm.

Am Ende des zweijährigen Noviziats durfte ich einen Tag für die feierliche Einkleidung wählen. Ich nannte spontan den 8. Dezember 1973, den Tag der Unbefleckten Empfängnis Mariä. Die Jungfrau war für mich das Symbol jener Reinheit, die so selten ist in der Welt. Maria ist das Gegenbild von Gewalt, Ungerechtigkeit und Eitelkeit. Unter all dem hatte ich ja in meinem vergangenen Leben so gelitten. Es war nur folgerichtig, daß ich die Mutter Jesu am Tag meiner Einkleidung besonders ehrte. Und zu meiner Überraschung hat es an diesem Tag geschneit! Ich nahm das als ein Zeichen vom Himmel. Ein Zeichen des Bundes. Am stärksten hat mich an diesem Tag das viele Weiß rings um mich beeindruckt. Der Schnee, der weiße Schleier, den ich trug. Ich habe wohl ein hübsches „Heiligenbildchen" abgegeben. Aber ich sehe auch noch, in all dem Weiß, die klaren blauen Augen meines Großvaters. Er hatte darauf bestanden, an der Einkleidung teilzunehmen. Außerdem waren Mama und ein Onkel da. Mein Vater war nicht gekommen. Das tat mir weh.

Mein Eintritt in den Karmel war den Presseleuten nicht entgangen. Oh nein! Man verfolgte meine Spur wie ein Jagdhund. Ich erinnere mich, daß es Reportern sogar gelang, das Gitter zu überwinden und bis in die Zellen der Ordensfrauen vorzudringen. Man stelle sich den Skandal vor! Ein andermal war es Eindringlingen gelungen, mich beim Beten in der Kapelle zu fotografieren. Diese Fotos erschienen sogar in einer großen Pariser Wochenzeitung. Um diesem Spektakel ein Ende zu machen, traf Mutter Oberin sofort strenge Maßnahmen. Vor allem wurden alle Anfragen wegen Interviews oder Reportagen strikt abgelehnt. Doch selbst das entmutigte die hartnäckigsten Journalisten nicht, es erschienen da und dort immer noch Artikel über mich. Aber ich wußte gar nicht, was da geschrieben wurde. Mutter Oberin hielt es für gut, mich gar nicht darüber zu informieren. Diese Isolierung verwirrte mich sehr. Ich konnte nichts kontrollieren und stellte mir die schlimmsten Dinge vor. Ich fing sogar an,

den Kopf zu verlieren (andere hätten gesagt: den Schleier).
Tatsächlich habe ich später festgestellt, daß man viel dummes
Zeug über mich geschrieben hatte. Ich bedauere, daß man
mir das vorenthielt. Es wäre vernünftiger gewesen, wenn
man mich unterrichtet hätte. Dann hätte man manches korrigieren, vielleicht auch richtigstellen können.

Ein Jahr nach der Einkleidung sollte ich die zeitlichen
Gelübde über Armut, Keuschheit und Gehorsam ablegen.
Dieser Schritt ist im Leben einer Ordensfrau sehr wichtig.
An diesem Tag verpflichtet sie sich für drei Jahre, nach der
Regel des Karmel zu leben. Diese Verpflichtung geht der
endgültigen Entscheidung für das ganze Leben in einem
Orden voraus. Von den zahlreichen Büchern, die ich zur
Vorbereitung dieses großen Tages durcharbeitete, gehörte
eines, das ich besonders schätzte: „Die heilige Teresa und die
mystische Erfahrung". Es wurde mein Lieblingsbuch. Ich las
oft die Stellen, die von der außergewöhnlichen Persönlichkeit der Gründerin des Karmel handelten. Ich war betroffen
von der Freimut und der Geradheit, die sie fortwährend
bezeugte. Ich fand bei ihr Charakterzüge wieder, die mir früher so viel Ärger und Probleme eingebracht hatten. Das Beispiel der heiligen Teresa zeigte mir, daß diese natürlichen
Charaktereigenschaften nicht unbedingt ein Fehler sein
mußten, sondern auch eine Voraussetzung sein konnten für
einen vertrauensvollen Umgang mit anderen. Ich ließ mich
gerne von dieser so ernsthaften und doch heiteren Frau inspi-
rieren.

Ich hatte das Glück, den Autor dieses Buches, Pater Emma-
nuel Renault, einen der wichtigsten Oberen des Karmeliter-
ordens, kennenzulernen. Er kam häufiger nach Limoges und
hielt uns Vorträge. Ich habe diese Gelegenheit benutzt, mit
ihm zu sprechen. Ich darf sagen, daß er mir noch heute eine
außerordentliche Hilfe und geistliche Bestärkung bedeutet.

Ich diskutierte sehr gerne mit ihm. Unsere Gespräche bereicherten mich und belebten meinen Eifer. Ich fühlte mich bestärkt von diesem glühenden Schüler der heiligen Teresa. Ein wahrer Mann Gottes!

Am Tage meiner zeitlichen Gelübde, die Pater Renault entgegennahm, war ich entzückt. Der Bischof von Limoges, Monseigneur Gufflet, war auch anwesend. Ich hatte ihn schon kennengelernt, als ich die zehn Tage Exerzitien im Karmel machte. Mutter Oberin hatte ihn angerufen und gebeten, die Messe mit uns zu feiern mit der Intention: „Für eine Tänzerin der Opéra, die Ordensfrau werden wollte". Ich erinnere mich, daß alle Texte der Messe auf die Ordensberufung hindeuteten. Sie sprachen von der Ehelosigkeit als einem Zeugnis einer letzten, Gott geschenkten Liebe. Und ich habe auch noch gut im Gedächtnis den Satz aus einem Brief des heiligen Paulus: „Gerade das hat Gott erwählt: was in der Welt nichts gilt." Da habe ich begriffen, daß all das, was die Künstler in Schrecken versetzt, weil sie dadurch von der Welt verleugnet werden — die Mißerfolge, das Versagen, die Unfälle — , daß all das schließlich jenes Nichts ist, von dem der heilige Paulus spricht. Gott nahm sich eines jeden Menschen an, trotz dieses Nichts, ja gerade wegen dieses Nichts. Ich brauchte mich wegen meiner eigenen Schwächen, meiner Kleinheit nicht zu fürchten. Gott nahm das alles auf. Den gleichen Sinn hatte ja das Wort Jesu, das mir so nahe gegangen war: „Ich bin sanftmütig und demütig von Herzen."

Die Ablegung meiner zeitlichen Gelübde war für mich eine unendliche Gnade. Eine Gnade der Kirche zunächst, denn ich wurde vor einem Bischof als dem Herrn geweiht anerkannt. Ich fühlte mich offiziell, aber auch mit Wärme von der Kirche aufgenommen. Sie nahm meine Ordensberufung zur Kenntnis und bestärkte mich auf dem Weg, zu dem ich mich entschlossen hatte. Ich gehörte künftig zu diesem großen, lebendigen Leib Christi, den die Christen bilden. Mir wurde bewußt, daß ich nie mehr allein sein, daß Jesus mir immer zur Seite stehen würde — inmitten dieses großen Volkes der Getauften.

Auch an diesem Tag schneite es. Und ich bekam noch ein weiteres Geschenk: die Sonne. Ich stellte mir vor, dieser weiße Teppich, der den Garten des Karmel bedeckte, hätte sich in einen weiten Strand aus weißem Sand verwandelt. Ich bedauerte es, daß mein Großvater diese Landschaft wie aus dem Märchen nicht genießen konnte. Aber sein Gesundheitszustand hatte sich plötzlich verschlechtert. Er mußte sich einer schweren Operation unterziehen und konnte deshalb nicht nach Limoges kommen. Er schrieb mir, in diesem grenzenlosen Vertrauen, das ihm eigen war, der Besuch sei nur verschoben. Zu meinem großen Tag, der ewigen Profeß in drei Jahren, käme er bestimmt.

Einige Zeit später feierte ich mittags die Messe mit. In einer der Lesungen wurde an König David erinnert, der vor der Bundeslade tanzte. In der Predigt gebrauchte der Priester das Bild von einem Kreis, in dem sich alle die Hand geben als Zeichen der Brüderlichkeit und Einheit mit Christus. Ich mußte spontan an meinen Großvater denken. Für ihn, das wußte ich aus seinen Briefen, war der Aufenthalt im Pflegeheim eine schwere Prüfung. Nach der Messe teilte man mir am Telefon mit, er sei gestorben. Er war 97 Jahre alt. Am Morgen ging er noch im Garten des Heims spazieren. Trotz Schnee und Kälte wollte er seine Baskenmütze nicht aufsetzen. Beim Mittagessen sank er plötzlich in sich zusammen. In aller Stille, ohne ein Wort, ohne Schmerzen ist er hinübergegangen, wie eine Kerze bei einem leisen Lufthauch verlöscht. Mein Gefühl sagt mir, daß er Gott in dem Augenblick begegnet ist, in dem ich kommuniziert habe, als ich die

Hostie in mich aufnahm. Seit diesem Tag habe ich ihm immer meine Probleme und meine Freuden anvertraut. Ich weiß, daß er da oben alles weiß, alles versteht. Ich brauche gar keine Vermittlung zu suchen, um mit ihm zu sprechen. Er ist da! Er lebt. Er ist im Herzen all der Situationen, in denen ich mich befinde. Wir sind für immer unzertrennlich.

Ein seelischer Aufruhr brach aus

Mein Großvater weiß jetzt gewiß, daß er in dem Augenblick gestorben ist, als sich die ersten dunklen Wolken über meinem Ordensleben zusammenzogen. Aber ich verbarg ihm meine Beunruhigung. Ich wollte ihm in seinem schwachen Zustand nicht noch mehr aufladen. In allen Briefen sprach ich von meinem Glück, ewig mit Jesus verbunden zu sein. Ich wollte, daß er niemals an meiner Heiterkeit und meiner Begeisterung zweifelte. Doch nach meinen zeitlichen Gelübden brach ein seelischer Aufruhr in mir aus, der mich sieben lange Jahre zermürbte.

Mein Noviziat war kaum beendet, da wurde ich von Gefühlen der Angst und Unruhe erfaßt, die, so meinte ich, inmitten des Karmel gar nicht aufkommen dürften. Ich hielt mich für immer bewahrt vor dem Dahinsterben des Glücks, weil ich mein heiliges Land, meinen Ort zum Ausruhen gefunden hatte. Ich war doch gewappnet durch die gegenseitige und tief verwurzelte Liebe, die mich mit Gott verband. Ich fühlte mich also erprobt, beschützt, unbesiegbar, so wie Gott zu mir sprach in der Heiligen Schrift und im Herzen, meiner inneren Klausur.

Doch mein Lebensrhythmus im Karmel änderte sich abrupt. Ich konnte mich nun nicht mehr, wie im Noviziat, viele Stunden dem Lesen und Betrachten der Bibel widmen. Ich landete plötzlich mit beiden Füßen auf der Erde. Das war eine wirkliche Katastrophe!

Ich wurde angewiesen, in der Landwirtschaft des Klosters zu arbeiten. Ich ging also mit aufs Feld zur Heu- und Getreideernte und zur Bodenbearbeitung. Ich habe noch nie soviel Rüben zerkleinert wie im Karmel. Sie waren das Futter für die Kühe des Klosters, die uns täglich frische Milch lieferten. Ich mußte lächeln bei dem Gedanken, daß ich in der Opéra seinerzeit den ganzen Tag meine Tanzfiguren „zerkleinerte", das heißt in Teilbewegungen zerlegte. Und jetzt zerlegte ich buchstäblich Rüben für das Wohlbehagen dieser braven Säugetiere. Ich lächelte, ja ... aber es war ein saures Lächeln.

Wenn für mich nicht genügend Arbeit auf dem Feld und im Garten da war, mußte ich die Parkettböden im Karmel pflegen. Gott weiß, wie viele es dort gibt! Stundenlang habe ich geputzt und gerieben, tief gebückt, bis die Böden glänzten. Ich selbst wurde immer grauer im Gesicht. Natürlich sagte ich mir, wie man es mich gelehrt hatte, daß alles, was ich im Laufe des Tages tat, zur Ehre Gottes gereichen würde. Doch der Schwung, die Begeisterung der ersten Monate ließen nach. Mein physisches Gleichgewicht litt unter dem Rhythmus der Tage und Stunden, die in einer seltsamen Trägheit und Monotonie dahingingen.

Meine Rettung war abends meine Zelle. Ich ließ mich auf den Strohsack sinken, erschöpft und gerädert von all den Arbeiten, die ich nicht gewohnt war. Ich brachte es nicht einmal mehr fertig, eines der mir teuren Bücher zu öffnen, um mich etwas abzulenken. Dazu war ich physisch und intellektuell nicht imstande. Wenn mein Blick die nackten Wände der Zelle entlangirrte, wurde ich manchmal von einer tiefen Hoffnungslosigkeit erfaßt bei dem Gedanken, daß ich mein ganzes Leben die Putzfrau des Herrn sein sollte.

Dabei betrachtete ich die Arbeiten im Haus und auf dem Feld keineswegs als erniedrigend oder verächtlich. Aber ich war physisch außerstande, sie auszuhalten. ich war dreimal mehr ermüdet durch einen Nachmittag Feldarbeit als durch einen ganzen Tag Tanzübungen in der Opéra. Am Abend war ich wie ausgelaugt. Ich hatte den Eindruck, daß meine Muskeln schwanden und meine Knochen weich wurden. Ich empfand Schmerzen am ganzen Körper. Ich sah keinen Ausgang mehr aus diesem fortschreitenden Verlust meines körperlichen und seelischen Gleichgewichts.

Als ich noch Novizin war, kam es schon einmal vor, daß ich im Garten des Karmel oder auf einer Wiese spontan und heimlich ein paar Gymnastikschritte machte. Ganz einfache Figuren, die genügten, daß ich in Form blieb. Ich wollte damit die Muskeldeformation ausgleichen, die sich mehr und mehr aus der geringeren Belastbarkeit meines behinderten Fußes ergab. Doch künftig war mir jegliche Tanzübung untersagt. Die Regel war da eindeutig. Die einfachsten Ausdrucksformen wurden streng überwacht. Die Schwestern sprachen nur miteinander, wenn sie ausdrücklich die Erlaubnis dazu erhielten oder wenn es einfach keine andere Verständigungsmöglichkeit gab. Wir hatten auch Zeiten in unserem Tagesablauf, wo wir miteinander sprechen konnten. Etwa während der halbstündigen Rekreation mittags und abends. Im übrigen herrschte den ganzen Tag Schweigen. Mit der Zeit erkannte ich immer deutlicher, daß das sich Ausdrücken, erst recht das in Bewegungen sich Ausdrücken im Karmel kein Heimatrecht besaß. Es war völlig ausgeschlossen, daß ich eines Tages meine Tanzschuhe wieder anziehen konnte. Ich war dazu verurteilt, meine Bewegungen, meine ganz natürlichen Gesten zu unterdrücken. Mein Körper wurde allmählich vor lauter Frustrationen wie gelähmt. Ich sah keinen anderen Ausgang mehr für diesen regelrechten Zerfall als den Tod. Meinen physischen und künstlerischen Tod. Aber keineswegs meinen spirituellen Tod. Denn mein Glaube selbst war unerschütterlich. Der Leuchter ging zugrunde, aber das Licht brannte weiter.

Gott sprach weiter zu mir. Je mehr Schwierigkeiten ich im täglichen Leben hatte, desto deutlicher schien mir seine eindringliche und fordernde Stimme zu werden. Als käme er näher, als würde er sich seiner bescheidenen Dienerin je näher zuneigen, je stärker meine Enttäuschung wurde. Abends, wenn der ganze Konvent sich in der Kapelle zur Anbetung versammelte, brannte ich vor Ungeduld, ihm mein Leid zu klagen, und vor allem, auf ihn zu hören. Denn er sprach zu mir. Und er sprach vom Tanzen. Der Karmel ist, dessen bin ich sicher, eine Schule des Gebets par excellence. Dort lernt man, wie wohl sonst nirgends auf der Welt, den Dialog mit Gott. Dieser einzigartige Dialog ist der Schlüssel für alles Leben, das der Kontemplation geweiht ist. Das ist eine der schönsten Lehren, die ich mir aus meiner Erfahrung im Karmel bewahrt habe. Während der Anbetungszeiten schöpfte ich gleichsam mit allen meinen inneren Kräften das lebendige Wasser, das dem Worte Gottes entströmte. Jeden Tag ließ ich mich davon durchdringen wie von einem Elixier, das meinen Mut und meine Hoffnung wiederbelebte. Gott bezauberte und erregte mich immer neu.

Die Meinen jubeln und tanzen vor Freude...

Wenn ich vor Gott meine Probleme und meine Not ausbreitete, erfüllte er mich ganz mit seinem Vertrauen. Wenn ich ihn teilnehmen ließ an meinen Zweifeln über die Lebensform, die sich mir im Karmel anbot, antwortete er: „Tanze!" Und wenn ich ihm offen mein Dilemma darlegte, mich zwischen dem Karmel und dem Tanzen entscheiden zu müssen, hörte ich ihn mir zuraunen, wie es im Psalm heißt: „Die Meinen jubeln und tanzen vor Freude."

Daß Gott mir stets die gleiche Antwort gab, bestürzte mich. Ich war von seiner Inspiration starr vor Angst und zugleich wie berauscht. Vor Angst erstarrt bei dem Gedanken, daß ich mich getäuscht hatte in meiner Ordensberufung und nun kaum einen Weg sah, das zu ändern. Ich wußte, daß man den Karmel nicht nach Belieben verläßt. Aber ich war berauscht von dem Gedanken, daß Gott all meine geheimen Regungen durchdrang, daß er selbst im Herzen meiner Sehnsucht wirkte.

Ich hatte in der Bibel die turbulente Geschichte des jüdischen Volkes gelesen. Gott hatte ihm für einen einst kommenden Tag das Gelobte Land verheißen. Doch vorher hatte er es lange Jahre durch die Wüste geführt. Die Juden beklagten sich, ob sie je das Land Kanaan sehen würden, das Jahwe ihnen versprochen hatte. Während des langen Exils zweifelten manche an seiner Verheißung und trennten sich von ihm. Aber die Wüste war nicht Gottes letztes Wort. Nur die, die nicht an seinem Wort gezweifelt hatten, durften die Wüste verlassen und ins Gelobte Land einziehen. Selbst Mose konnte den gesegneten Boden nicht mehr bebauen. Er starb, nachdem er von einem Berg herab das Land gesehen hatte, das Gott seinem Volk schenkte.

Ich fragte mich, ob Gott mir vielleicht dasselbe Schicksal auferlegen wollte wie den Juden des Alten Testaments.

Der Karmel sollte meine Wüste sein. Ein Ort der Buße, wo Gott meine Liebe und meine Treue prüfen wollte. Doch wenn ich ihn vom Tanzen sprechen hörte, so versprach er mir etwas anderes, ein Gelobtes Land. Gott hatte also noch nicht sein letztes Wort gesprochen, als er mir die Tür des Karmel öffnete. Spricht Gott überhaupt definitiv zu uns?

Nein! Sein Wort ist ewig. Er verlangt von uns stets neue Verzichte, Unterbrechungen und unbegrenzte Selbstübersteigungen. Das Wort Gottes ist ohne Grenze, ohne Einschränkung, ohne Endpunkt. Es bedeutet Wiedergeburt vor aller Geburt. Gott versprach mir also, daß ich eines Tages in ihm wiedergeboren würde. Aber wo und wann?

Ich wußte es nicht. Meine Wüste konnte durchaus bis zu meinem Tod dauern. Gott sprach vielleicht von einem Tanzen jenseits des Grabes. Das verheißene Land konnte sehr wohl der Himmel sein. Wenn dieses versprochene Andere nicht von dieser Welt war? Wenn Gott wollte, daß ich in seinem ewigen Reich tanzte? Diese Vorstellung erschreckte mich nicht übermäßig. Ich war durchaus zu diesem Opfer bereit. Wenn Gott wollte, daß ich im Himmel tanzte, dann stimmte ich dem mit ganzem Herzen zu. Und ich sagte es ihm ständig beim Beten. Ich wiederholte, die Augen geschlossen und den Kopf zum Altar geneigt, die Worte des *Vaterunser:* „Dein Wille geschehe!" Nein, ich verlangte nichts. Ich glaubte nur an sein Wort. Ich zweifelte keinen Augenblick, daß Gott mir eines Tages den Weg zeigen werde, den er für mich vorbestimmt hatte. Ich mußte nur Geduld und Vertrauen haben. Eines Tages würde ich tanzen, Gott hatte es mir versprochen. Doch nicht im Karmel, dessen war ich sicher.

Ich hatte geglaubt, daß ich wie die heilige Teresa von Avila zur Ehre Gottes im Chor der Kapelle des Karmel hätte tanzen können. Natürlich war ich nicht gerade aus diesem Grund Karmelitin geworden. Nach den gegebenen Umständen hatte ich nach meiner Bekehrung einfach die meisten Kontakte mit Karmelitinnen gehabt. Und vor allem liebte ich die Spiritualität der heiligen Teresa. Für mich kamen ihre Schriften gleich nach dem Evangelium. Man hatte mich darauf aufmerksam gemacht, daß ich als Karmelitin keinen leichten Weg wählte. Aber ich bin kein Mensch, der halbe Sachen liebt. Ich versuche geradewegs aufs Ziel loszugehen, oder ich fange erst gar nicht an. Diese Neigung zum Extremen, diese aufs Ganze gehende Leidenschaft ist ja ein Charakterzug, den ich gerade bei der heiligen Teresa von Avila fand. Meine „Heirat" mit dem Karmel war also keine Zufalls- oder Vernunftehe, sondern eine wirkliche Liebesheirat. Ich war überglücklich, meine Vermählung mit Christus feiern zu können inmitten einer Spiritualität, die von dem Jubel und der Frische der Gründerin des Karmel erfüllt war. Ich machte mir wahrhaft die außerordentliche Jugendlichkeit dieser Spiritualität zu eigen, die ausschließlich auf die leidenschaftliche Liebe Jesu Christi gerichtet war.

Aber am Ende meiner ersten drei Jahre im Karmel konnte ich den Abstand, ja den Abgrund ermessen, der zwischen meinen persönlichen Erwartungen und der konkreten Verwirklichung der Botschaft der heiligen Teresa im Karmel klaffte. Ich hatte wohl in ihren Schriften gelesen, daß sie gegenüber dem Körper ein gewisses Mißtrauen hegte. Ich war erstaunt darüber, hatte dies aber den Sitten und der Kultur ihres Jahrhunderts zugeschrieben. Ich dachte, diese Furcht vor dem Körper hätte sich mit der Zeit verloren, und man hätte ihm die gebührende Bedeutung für das ganze menschliche Gleichgewicht zuerkannt. Doch ich hatte mich getäuscht.

Der Körper etwas Unerwünschtes bei der Gottesverehrung?

Mein Körper war von Kopf bis Fuß in einen strengen Habit „eingepackt", der ihn völlig zum Verschwinden brachte. Man sah ihn einfach nicht mehr. Als würde er nicht existieren. Und es war mir auch nicht erlaubt, ihn zu sportlichen und erst recht nicht zu künstlerischen Übungen zu gebrauchen. Der Körper sollte gewissermaßen als etwas Unerwünschtes bei unserer absoluten Gottesverehrung dienen. Man konnte ihn dahinwelken, häßlich und steif werden lassen, das hinderte nicht, zu Gott zu beten. Wichtig war vor allem, seine Seele zu pflegen; sie zu verfeinern durch Lektüre und Meditation, um sie dem Herrn beim Beten immer leuchtender anbieten zu können. Ich geriet dadurch in eine ganz und gar paradoxe und für mich unerträgliche Lage. Wir sangen oft in der Liturgie den Psalm, in dem es heißt: „Herr, ich will tanzen vor dir, tanzen um deinen Altar." Ich sang diese Worte, starr wie eine Marmorstatue, mit einem unbewegten und verschlossenen Gesicht, in dem nichts von der Freude aufleuchtete, von der der Psalm sprach. Diese Situation war schrecklich für mich. Ich stand versteinert, wie in Kälte erstarrt in meinem Chorstuhl, wagte nicht einmal meine Mitschwestern anzusehen, weil ich in mir den Widerspruch fühlte gegen das, was nur ein Scheinbild von dem Gott gebührenden Tanz war. Ich spürte, wie alle Glieder meines Körpers sich bewegen und mich in den Chor der Kapelle stoßen wollten. Aber mein Verstand hielt sie zurück. Meine Füße waren durch das Gelübde des Gehorsams wie am Boden festgewachsen. Danach war ich von diesem inneren Kampf erschöpft und erledigt. Ich hatte erneut den Eindruck, daß ich jener Verehrung, die Gott von mir erwartete, untreu geworden war. Dieser Dualismus zwischen Körper und Geist rieb mich auf.

Während meiner zehn Jahre im Karmel habe ich nie einen Spiegel gesehen. Das war untersagt. Ich vergaß allmählich, daß ich ein Gesicht hatte! Das Vergessen seiner selbst gehörte zur Regel. Das damit verbundene Fehlen jeder Ausdrucksmöglichkeit der Person machte mir besonders zu schaffen. Ich war tief betroffen und litt sehr darunter, daß die Kontemplation, die unser ganzes Leben ausfüllte, sich nicht äußern, sich nicht konkret persönlich verwirklichen durfte. Wie konnte ich den ganzen Reichtum, den mir der Dialog mit Gott schenkte, in mir selbst verschließen? Warum sollte ich das Glück, das ich im Gebet fand, nicht rings um mich, unter den Mitschwestern bezeugen? Diese Fragen quälten mich innerlich. Alle die schöpferischen Kräfte, die uns gegeben waren, verlangten nach Befreiung. Ich wollte mein „Credo" auf meine Weise sagen. Selbst wenn ich nicht tanzen konnte, es boten sich mir auch andere Möglichkeiten an, meinen Hunger nach einem Leben mit Gott zu stillen. Ich mußte einfach meinen Glauben weitervermitteln können. Ich spürte, das war nötig, damit meine Begeisterung und meine Hingabe frei würden.

Ich entschloß mich, zur Mutter Oberin zu gehen und ihr meine Schwierigkeiten anzuvertrauen. Sie hat mich wohlwollend und verständnisvoll angehört. Aber nach ihrer Meinung gab es für mich nur die Lösung, das Gebet zu vertiefen, Geduld zu bewahren und nach der Regel zu leben. Ich würde mich schon wieder fangen. Ich hatte kaum eine andere Wahl. Sie war durchaus damit einverstanden, daß ich den Zeitpunkt meiner ewigen Gelübde hinausschob, weil sie sah, daß ich sie im jetzigen Zustand nicht ablegen konnte. Aber ich sollte weitermachen. Ich brauchte keine Angst zu haben. Ich glaube, sie dachte wirklich, daß ich früher oder später mit meinen Schwierigkeiten fertig werden würde. Da sie mir helfen wollte und mein naturgegebenes Ungeschick für grobe Handarbeit und meinen prekären Gesundheitszustand kannte, andererseits wußte, daß ich mich nach gestalterischem Ausdruck sehnte, schlug sie vor, ich solle meinen zeichnerischen Neigungen folgen und Briefpapier- und Postkartenschmuck entwerfen. Ich hätte froh sein müssen über dieses mir erwiesene Entgegenkommen. Aber mir widerstrebte diese Ausnahmeregelung.

Dieser Kompromiß erinnerte mich zu sehr an die Absprachen, Konzessionen und Transaktionen, unter denen ich in der Welt gelitten hatte und vor denen ich freiwillig geflohen war. Ich war nicht Ordensfrau geworden, um ihnen erneut ausgeliefert, und erst recht nicht, um gegenüber den Mitschwestern privilegiert zu werden. Diese Gunst war wie eine Verwundung für mich. Ich fühlte mich plötzlich, in dieser Sonderstellung, wie zurückgewiesen von der ganzen Gemeinschaft. Ich konnte nicht akzeptieren, daß ich durch dieses mir gewährte Privileg im Karmel und doch nicht ganz im Karmel war. Ich war zu sehr aus einem Stück, um mich mit dieser zwittrigen Situation abzufinden, die mich noch mehr von den anderen Schwestern isolierte. Aber schließlich gehorchte ich und widmete mich der Kunst, die ich mir seit meiner Kindheit bewahrt hatte: dem Zeichnen.

Zeichnen und Geschichten schreiben

Mit ihren Zeichnungen erfüllt Schwester Mireille eine Art Apostolat. Ein Verlagshaus hat das erkannt. Es schlägt ihr die Veröffentlichung ihrer Zeichnungen vor, die auf diese Weise über den Karmel hinaus bekannt werden. Mit ihren Zeichenstiften und Pinseln kann sie etwas von ihrer Glaubensfreude zu Papier bringen. Sie gibt sich dem Tag für Tag ganz hin, begeistert wie ein Kind, das seine Entdeckungen zeichnet. Sie zeichnet Darstellungen der Hl. Jungfrau und des Weihnachtsgeschehens, spielende Kindergruppen, Blumen, auch Tänzerinnen. All diese Zeichnungen sind Ausdruck einer inneren Landschaft, hinter den Wiesen und Feldern entspringt eine fröhliche Quelle. Schwester Mireille findet zurück zu den schöpferischen Regungen ihrer Kindheit. Aber es kommt noch etwas hinzu: Sie fühlt sich gedrängt, die geschenkte Freude an andere weiterzugeben.

Das Zeichnen allein genügt ihr nicht. Bis spät in die Nacht sitzt sie an ihrem kleinen Arbeitstisch, dem einzigen Möbelstück außer dem Bett, und schreibt. Sie vertraut ihrem Tagebuch all ihre Gedanken, Gebete und Sehnsüchte an. So formuliert sie im Lauf der Nächte allmählich ihre eigene spirituelle Anschauung. Das ist für sie eine notwendige Weiterführung ihres Dialogs mit Gott. Nachts schreibt sie schwarz auf weiß die Früchte ihrer täglichen Meditation nieder.

Doch Schwester Mireille schreibt nicht nur für sich selbst. Stets von einem großen und wachsenden missionarischen Eifer bewegt, verfaßt sie auch Gedichte und erfindet Geschichten für Kinder. Christus sagt ja im Evangelium: „Lasset die Kinder zu mir kommen." Auch Schwester Mireille fühlt sich im Herzen mit den Kleinen verbunden.

In ihrer Zelle versucht sie für die Kinder neue Formen des Zugangs zu Gott zu finden. Kinderherzen können ja noch staunen. Sie sind noch nicht von den Ängsten geplagt, die die Erwachsenen sich selbst bereiten. Sie sind noch frei und frisch wie der neue Morgen. Unter dem Ordenshabit verbirgt sich bei Mireille noch der kostbare Stoff kindlicher Zartheit. Ihre Erzählungen lassen noch etwas davon ahnen. Zum Beispiel die folgende Geschichte:

Der Clown Blauundweiß

Früh am Morgen ging der Clown namens Blauundweiß in seinen Zirkus, um zu üben!

Wie alle Akrobaten hatte er sich angewöhnt, seine Nummern jeden Tag zu wiederholen...

Dabei verbesserte er sie immer ein wenig: eine zusätzliche Geschicklichkeit, noch ein Trick beim Jonglieren, noch ein unerwartetes Kunststück.

Und abends dann, im Zirkusrund, klatschte das Publikum Beifall, ganz hingerissen von seinen fantastischen Einfällen.

Es schien, als versprühe der Clown ein heiliges Feuer, das in ihm brannte und ihn trieb.

Wenn die Vorstellung vorbei war, gingen die Besucher, einer nach dem andern, fort, und der kleine Clown kehrte in seine Garderobe zurück. Plötzlich saß er ganz allein vor dem Spiegel.

Mit langsamen Bewegungen zog er erst die Gumminase herunter, dann nahm er die Augenbrauen aus weißer Wolle ab und zuletzt schlüpfte er aus dem Clownskostüm.

Wenn er seine Nummern vorführte, war er nicht einen Augenblick unsicher. Eine Kraft hielt und trug ihn, als sei er im Paradies. Aber jetzt, hinterher, war es, als hätte er Blei in den Füßen.

Auf den herabgezogenen Lippen lag kein Lächeln mehr. Die hohlen Wangen machten sein Gesicht starr und schwer, wie die Gesichter auf alten russischen Bildern. Sein Blick war plötzlich von Traurigkeit erfüllt.

Ein Schmerz lief über das Gesicht, wie wenn die stille Oberfläche des Meeres von einer Grundwelle bewegt wird.

Das Feuer, das unseren Clown soeben noch getrieben hatte, war ein Flämmchen geworden, das jeder Lufthauch auslöschen konnte. Und dann füllten sich die müden Augen mit Tränen.

Wie ein Hampelmann, den man zerbrochen und aus den Gelenken gerissen hatte, saß der kleine Clown auf dem Hocker, erschöpft, leer wie eine Stoffmarionette...

Er sah noch einmal seine Nummern vor sich und beurteilte sie ganz streng, da half auch der Beifall des Publikums nichts. Er als Clown wußte, was „daneben" gegangen war, wenn es auch keiner gemerkt hatte... Er aber, jetzt, wo er allein dasaß, wußte die Wahrheit, und sie lag ihm schwer im Magen.

Enttäuscht, aber nicht entmutigt, murmelte der kleine Clown mit herabhängenden Lippen: „Naja! Morgen mache ich's besser!"

Doch die Wärme des Publikums umschloß ihn nicht mehr, und die Wände, die ihn umgaben, hörten seine Klagen nicht. Er fühlte sich wie auf dem Meer in einer Nacht ohne Mond und ohne Sterne.

Er konnte nicht mehr zurück, unser kleiner Clown, und mit angsterfülltem Herzen überließ er sich einfach der Nacht.

Doch als er auf den Grund der Angst gekommen war, sah er einen Lichtschimmer: Eine Ahnung von Freude blühte in seinem Herzen auf, wie ein Stern aufgeht am dunklen Himmel.

Ah! Das Herz wurde ihm wieder weit, dem kleinen Clown, er ging ruhig zu Bett und schlief rasch ein.

Im Traum pflückte er eine Blume aus Kristall und jonglierte damit auf der großen Himmelsbühne. Wie war sie schön, seine Blume! Leuchtender als alle Scheinwerfer im Zirkus, wenn sie voll aufgedreht waren. Das war der Augenblick, wenn der kleine Clown, vom Trommelwirbel begleitet, auf dem Seil balancierte, links und rechts der Abgrund...

Der Clown Blauundweiß wußte, daß die Nacht die Wiege des Tages ist. So hörte er, als er in der Morgendämmerung aufwachte, die zarte Stimme der erwachenden Welt.

Rasch lief er zum Zirkus und übte mit neuen Kräften; er reckte und streckte die Glieder, jedesmal ein bißchen weiter, ein bißchen höher, ein bißchen stärker. Er bewegte sich nach links, nach rechts, sprang vor und zurück, mal auf den Händen, mal auf den Füßen, er wirbelte im Kreis herum. Es sah aus, als würde er sich mit tausend bösen Geistern herumschlagen, er bückte sich, um sie am Boden zu jagen, unten, versteckt, geheimnisvoll...

Dann sprang er, als wollte er mit seinen guten Geistern bis zum Himmel steigen, nach oben, immer höher...

Und er lächelte, strahlend und spitzbübisch, und man wußte, er wird seine bösen Geister zähmen und wieder Mut fassen.

Jetzt versteht jeder, warum der Clown Blauundweiß jeden Tag früh am Morgen in den Zirkus ging, um zu üben...

Man errät es leicht. Der Clown in der Geschichte ist Mireille selbst. Sie spricht von sich in poetischer Form. Hinter den Bildern und Personen, die sie erfindet, verbirgt sich ihre eigene Wirklichkeit. Manchmal sind ihre Texte fordernder. Dann wendet sie sich direkt an den Leser. Sie ruft ihn an, lädt ihn ein, ein anderer zu werden. So in dem folgenden Gedicht:

Blühe wo immer du bist

Wo immer du bist, Freund von Anbeginn
gib deinem Herzen Flügel.
Die Blumen am Rande der Straße
suchen deinen Blick,
und der Himmel sucht dein Staunen.
Die Erde empfängt deine Zweifel,
das ferne Blau
verbirgt deine Schatten.
Im Wald rücken die Bäume zusammen
als Echo für deine Fragen,
und seine Lichtungen öffnen sich
deinen Labyrinthen...
Die Hügel bieten ihre Horizonte
deinen Träumen...
Einen Augenblick ruht dein Geist
auf den ausgebreiteten Ästen
der großen Zeder!
Schwinge dich auf wie die Schwalben!
Wie die Trauerweide
hänge sanft deine Klagen
in die Nebel der Welt.

Mit allem Saft deiner Adern
blühe wo immer du bist
Freund von Anbeginn...
Gib deine Farben den Steinen!
Aus dem Urgrund deines Lebens
entspringe die Auferstehung.

*In dem verhaltenen Rhythmus der Tage im Karmel sammelt
Mireille die ihr wichtigen Gedanken und Gebete. Sie macht sich
fleißig Notizen und schreibt sich Sätze großer Denker der Kirche
auf. Allmählich füllt sich ihr Tagebuch. Seite für Seite schreibt
sie über das Tanzen, die religiöse Kunst und die Darstellung des
Glaubens. Sie verkündet die Auferstehung des Tanzes mit einer
Leidenschaft und Begeisterung, die an die heilige Teresa erinnern. Man meint, sie habe das alles tanzend geschrieben, das
Gesicht dem Himmel zugewandt, mit ausgebreiteten Armen, dem
Zeichen der Hingabe. Genau das will Schwester Mireille verwirklichen: ihre ganze Kunst Gott darbieten. Daß man es ihr
erlauben möge. Wie kann man seinen Glauben in Einklang
bringen mit dem Leben, wenn man das kostbare Geschenk der
eigenen Begabungen und Talente nicht hingeben darf? Schwester Mireille weigert sich, Christus nur halb geweiht zu sein. Sie
will es ganz, mit Herz und Geist, aber auch mit Armen und
Beinen.*

*„Die Gnade zerstört die Natur nicht, sondern vollendet sie."
Thomas von Aquin*

Während des Mittagessens, das wir schweigend einnahmen,
las eine Schwester laut aus der Heiligengeschichte. Ich erinnere mich, daß uns einige Tage nach meinen zeitlichen
Gelübden aus der Lebensgeschichte des großen christlichen

Theologen Augustinus vorgelesen wurde. Ich folgte gespannt dem Bericht, der besagte, der heilige Augustinus habe immer seine eigene Philosophie in seinem religiösen Leben angewandt. Seine eigene Spiritualität hatte er, als er sein Leben Gott weihte, nicht unter den Scheffel gestellt. Im Gegenteil, er hatte sie voll auf den Leuchter gestellt. Für den heiligen Augustinus lag kein Widerspruch darin, der Philosoph zu bleiben, der er war, und sich ganz Christus hinzugeben. Das war eben sein Weg, zu Gott zu gehen.

Dieser Bericht wühlte mich auf. Ich vergaß sogar zu essen, was man mir auf den Teller gelegt hatte. Der heilige Augustinus verdarb mir den Appetit. Es war mir elend bei dem Gedanken, daß ich im Karmel meinen Glauben, meine Begeisterung für Gott nicht voll und ganz, mit meiner Kunst, ausdrücken konnte. Ich verstand nicht, daß ein Künstler, der sich bekehrt und in einen Orden eintritt, seine Kunst systematisch unterdrücken mußte. Persönlich mußte ich damit rechnen, daß meine Kunst, gerade weil sie unterdrückt wurde, eines Tages ebenso wieder an die Oberfläche drängen würde wie ein Korkstopfen, den man vergeblich unter Wasser zu halten versucht.

Der heilige Augustinus bewies mir, daß man zugleich Philosoph und Ordensmann sein konnte. Warum also nicht auch Künstlerin und Ordensfrau?

Freilich, wenn ich meine Mitschwestern ringsum ansah, dann verstand ich gut, daß sie nicht die gleichen Probleme hatten. Sie schienen — sie waren — wirklich glücklich. Sie hatten sich die Regel und den Lebensstil des Karmel vollständig angeeignet. Sie waren bis auf die Knochen von der Spiritualität der heiligen Teresa geprägt. Sie strahlten etwas aus von dieser Herzensfreude.

Meine Einsamkeit verstärkte sich von Tag zu Tag. Das war unerträglich. Ich glaube, daß der Abstand, der zwischen den

Schwestern und mir entstand, vor allem kultureller Natur
war. Ich hatte eine künstlerische Ausbildung erhalten, die sie
in vieler Hinsicht nicht kannten. Ich erschien ihnen schwierig, anspruchsvoll, kompliziert. Sie verstanden es kaum, daß
ich den Drang verspürte, aus mir herauszugehen, meine
Freude durch meine Kunst zu bezeugen. Das kontemplative
Leben des Karmel genügte ihnen. Mir nicht.

Ich hatte eine künstlerische Ausbildung und Praxis hinter
mir, die ich nicht einfach brach liegen lassen wollte. Aber
warum hätte ich all das, was ich für mein Bestes hielt, aufgeben sollen, als ich mein Leben Gott weihte? Durch das
Tanzen bin ich zu Gott hingezogen worden. Im Evangelium
habe ich seinen Namen entdeckt. Und jetzt, als Braut Christi, sollte ich diese Kunst verleugnen, die ich — buchstäblich
in seinen Armen — wiederfand? Das konnte ich nicht begreifen! Aber ich konnte mit niemandem diese Fragen besprechen, die mich erdrückten. So entschloß ich mich, alle
Gedanken aufzuschreiben, die mich in den langen Nächten
des Dialogs mit Gott bewegten. Diese Gedanken wuchsen
mit meinen Gebeten. Je mehr Gott mir ins Herz hinein sagte:
„Tanze!", desto deutlicher erkannte ich meine Sendung. Ich
mußte vor allem dafür Zeugnis geben, daß der Körper nichts
Verachtenswertes war; daß er, im Gegenteil, die Inkarnation
dieser brennenden Sehnsucht sein konnte, Gott mehr als
jeden anderen und mehr als sich selbst zu lieben.

Beten mit dem Körper

Meine Auffassung vom Körper, von seinem Ausdruck im
Glauben, seiner Befreiung im Gebet und durch das Gebet —
dahinter steht meine Erfahrung, die ich in mehr als zehn
Jahren als Berufstänzerin gewonnen habe. Ich weiß, das ist

umstritten in der Kirche. Noch heute wird die Auseinander-
setzung oft nur theoretisch geführt. Aber man wird nicht
weiterkommen, wenn man nicht der Erfahrung und der Praxis vertraut; wenn man nicht endlich aufhört, sich über
Worte zu streiten, die vom eigentlichen Gegenstand ablen-
ken: vom Beten mit dem Körper.

Einmal habe ich an Ostern über den tiefen Sinn der Auferstehung Christi meditiert. Dieser unwiderstehliche Sieg des
Lebens über den Tod hat mich davon überzeugt, daß Christus damit die Menschen aufruft, ohne Unterlaß um das
Überleben, das Leben zu kämpfen. Die Auferstehung, das ist
das Lebenwollen jedes Lebewesens. Die Auferstehung ruft
alle Menschen aller Zeiten auf, an jedem neuen Tag ihrer Existenz durch Gesten zu bezeugen, daß sie dem Vergehen der
Zeit widerstehen, die sie täglich dem Grab näherbringt. Jesus
will, daß wir so kühn sind, das Abenteuer der Jugend auch
im Altern zu wagen. Ich weiß aus Erfahrung, daß das Tanzen
zu dieser ungeheuren Herausforderung fähig macht. Deshalb
glaube ich, daß diese Kunst allen mehr zugänglich werden
muß.

Ich glaube auch an die Auferstehung des Tanzes selbst. Er
wird auferstehen, wenn er aus anderen Werten als denen der
profanen Welt erwächst. Dieses Ostern der Kunst bricht an
dem Tag an, an dem der Tanz als ein Gut der Kirche angenommen wird. Dann wird er anerkannt als eine Zeichenspra-
che, mit der die Christen ihre Freude am Glauben, die Feier
ihres Glaubens bezeugen können. Ich finde es beklagenswert,
daß die technische Perfektion und Schönheit für profane
Zwecke, aber nicht für Gott so hochentwickelt wird. Mir
widerstrebte schon oft die Vorstellung, daß die Menschheit
die schönsten künstlerischen Darbietungen weltlichen
Zwecken vorbehält, anstatt alles, was schön ist in dieser Welt,
dem höchsten Schöpfer darzubieten!

Bei der Erarbeitung des Tanzes habe ich auch die wunderbare Selbstbeherrschung entdeckt, die es dem Tanzenden erlaubt, sich vollkommen zu befreien. Daraus schließe ich, daß die Selbstbeherrschung, besonders wenn sie so streng und anspruchsvoll ist wie beim Tanzen, untrennbar mit der Extase verbunden ist. Denn der Tanz ist eine Leidenschaft, die den Körper aufreißt und verklärt. Diese beiden Aspekte lassen sich nicht trennen. Auf die Mühe, die Anstrengung, ja den Schmerz, den man auf sich nehmen muß, folgt das unsagbare Glück, ein anderer zu werden. Im Tanzen trete ich buchstäblich aus mir selber heraus, so wie ein Schmetterling sich aus der Verpuppung löst und die Freude verspürt, daß er zum ersten Mal seine noch zerbrechlichen Flügel entfalten kann. Wenn ich tanze, verwandle ich mich gleichsam in Jesus!

Um diese Verwandlung zu erreichen, muß man hinnehmen, daß man sich durch das Tanzen übermächtigen läßt. Das Tanzen verlangt außergewöhnlichen Mut, heldenhafte Ausdauer. Es zwingt, es verpflichtet uns ständig, aus uns herauszutreten, unsere körperlichen Mängel, unsere Schwächen zu überwinden. Das Tanzen zwingt uns zu kämpfen, uns gegen die widerstrebenden Kräfte im Innern des Kokons unserer Natur zu stemmen, damit er aufspringt, zerreißt und uns ins Freie, ins Licht hinaus entläßt.

Für mich ist das Tanzen eine Weise, im Zustand der Gnade zu leben. Es ist eine Weiterführung aller Dinge. Es führt das Denken, die Körperbewegungen, die Gefühle weiter. Das Tanzen führt notwendig weiter, weil es wesentlich Bewegung ist. Dadurch ist in mir der Gedanke gereift, diese spezifische Weiterführung, die das Tanzen bewirkt, in den Ordensgelübden zu realisieren. Wenn eine Tänzerin sie ablegt, könnte man sie so formulieren: „Ich will ‚gut' sein in der Armut, ‚schön' in der Keuschheit, ‚zärtlich' im Gehorsam und ‚glücklich' in der Verfolgung." Ich denke tatsächlich, daß für den, der das Gelübde ablegt, es nicht als solches wichtig ist, sondern daß es vielmehr darauf ankommt, welche Auswirkungen es auf ihn hat. Soll das Ordensgelübde nicht ein Wohlbefinden, einen Zustand der Gnade, eine vollständige Befreiung bewirken? Ohne Zweifel keinen Zustand der Entbehrung, der Abtötung oder gar Erniedrigung.

Der dreifaltige Gott ist Tanz

Mein persönliches „Credo" lautet, daß Gott Tanz ist. Er ist Tanz, weil er Dreifaltigkeit, Vater, Sohn und Geist ist. Gott ist dreifaltig. Für mich ist Dreifaltigkeit eine bewegte Runde von drei Blicken, die sich kreuzen und austauschen, die einander ansprechen und sich zurücknehmen. Durch ihre überströmende Fülle schaffen sie das All, die Dinge und die Wesenheiten und führen sie in diesen Tanz ein. Gott lädt uns ewig ein, an seinem Tanz teilzunehmen.

Im Tanz steckt auch ein großes Verlangen nach persönlicher Befreiung. Ich bin keinesfalls der Ansicht jenes Priesters, der mir eines Tages sagte, daß die Befreiung keine christliche Tugend sei. Für mich gilt kategorisch: Die Befreiung ist christlich. Sie ist es in dem Maße, in dem sie bereit ist, bis zum Opfer zu gehen. Bis zu dem Schwert, das unser Herz durchdringt. Ich erinnere mich, daß ich einmal in der Bahn einer verdächtigen Person gegenübersaß. Ich fühlte mich bedroht und war versteinert vor Angst. Aber dann sagte ich mir, wenn ich schon ermordet werden sollte, dann wäre es besser, mit einem freien und vertrauensvollen Herzen in den Himmel zu kommen als mit einer von Schreck und Entsetzen verzerrten inneren Maske. So war ich auf alles gefaßt. Ich hatte die Kraft der Heiterkeit wieder gefunden. Diese Anekdote, die Gott sei Dank nicht so ausging, wie ich es mir in meiner Fantasie vorgestellt hatte, zeigt gut, was ich unter Befreiung und Opfer verstehe. Das Tanzen gibt eine innere Kraft, die ins Unendliche wächst, wenn sie sich in Gebet verwandelt. Es öffnet mich für das vollkommene Glück, in der Kraft Christi zu den Märtyrern zu zählen.

Ich habe die Sensibilität immer als eine Gabe empfunden, die Frucht bringen muß. Man sollte keineswegs versuchen, sie zu bekämpfen oder zu verstecken. Im Gegenteil! Sie ist eine Gabe Gottes, die man entwickeln und verfeinern muß. Die Fähigkeit zu fühlen und mitzufühlen wächst schließlich nur, damit man dem Schmerz besser begegnen kann. Je mehr ich damals in der Opéra den Schmerz an meinem verletzten Fuß spürte, desto mehr verfeinerte sich meine Sensibilität. Alle meine Sinne waren offen für das, was rings um mich vorging. Meine Erfahrung sagt mir, daß man in dem Maße, in dem man sich dem Schmerz öffnet, auch fähiger wird, sich der wahren Freude hinzugeben: der Freude in Gott. Die bis zu diesem Grad ausgebildete Sensibilität hat nichts mit Sentimentalität zu tun. Die Sensibilität ist ein christlicher „Vektor", ein bestimmter „Wirkungsträger" wie andere für die Liebe, mit der uns Gott erfüllt. Es ist besser, wenn wir in Frieden leben mit unserer eigenen Sensibilität und sie als Quelle für unser tägliches Verhalten benutzen. Sie kann unsere Wüsten und irdischen Gärten bewässern, kann sich wie ein Lobgebet zum Himmel erheben; sie kann uns durch die Empfindungen, die sie uns so reich vermittelt, davontragen. Gott wird in ihr immer die Perlen unseres verborgenen Schatzes wiedererkennen.

Eine Tänzerin muß ein Höchstmaß an Sensibilität, aber dazu eiserne Nerven haben. Diese beiden Eigenschaften sind

keineswegs unvereinbar miteinander. Wenn ich heute Tanzkurse gebe, versuche ich immer, die Bedürfnisse der Schüler,
Kinder oder Erwachsene, herauszufinden. Denn für physische wie für psychische Probleme ist das Tanzen ein aus-
gezeichnetes Heilmittel. Es ist eine Medizin, die sowohl
dem Körper wie dem Geist hilft.

Ich bin davon überzeugt, daß die Selbstverleugnung in Form
einer Verachtung des Körpers nicht die gute, wahre Askese
ist. Das ist vielmehr ein schrecklicher Irrtum. Wenn man mit
dem Geist Jesu vereint lebt, werden Körper und Seele versöhnt. Ich habe die Erfahrung gemacht, daß der Geist sehr
wirksam das Handeln und die Beherrschung des Körpers
bestimmen kann. Der Körper ist ein wunderbar lernfähiges
Instrument, er ist ein guter Diener. Das ist eine der frucht-
barsten Erfahrungen, die das Tanzen vermittelt. Dafür setze
ich mich ein. Damit das Tanzen, durch einen ganz Christus
hingegebenen Geist geprägt, zu einem Instrument des Gebets
wird. Gerade keine Gebetsmühle. Sondern eine geschmeidige,
bewegte und bewegende Form der Muße, die ästhetisch hin-
reißendste Weise, Gott zu loben.

Tanzen — Entdecken des äußeren und inneren Raumes

Das Tanzen ist zu dieser Leistung fähig, weil in ihm die
Dynamik der Auferstehung wirksam ist. Nur die Kirche
kann uns mit dem eucharistischen Brot im Heiligen Mahl
nähren. Die Sakramente wollen uns im Glauben schon den
auferstandenen Christus vermitteln. Und auch das Tanzen
hat auf seine Weise teil an der Annäherung an dieses Geheimnis.

Das Tanzen ist eine Kunst, nicht nur mit dem Gehirn,
sondern mit seinen ganzen Sein zu atmen, zu denken und zu

leben. Es ist eine außergewöhnliche Schule der Gewaltlosigkeit. Es lehrt uns, unsere unbewußten Mächte und Gewalten zu kontrollieren und zu leiten. Der Tänzer ordnet den Ablauf seiner Bewegungen, indem er sich gleichermaßen den ungeheuren Reichtümern seiner Sensibilität und der Kraft seines Willens anheim gibt. Das verlangt viel Mut und Ausdauer. Das Tanzen überschreitet auch die Grenzen der Zeit und mehr noch des Raumes. Beim Tanzen wird man des äußeren Raumes gewahr, der uns umgibt. Man bricht ein in diesen Raum, man läßt sich von ihm durchdringen, man verschmilzt mit ihm, man dehnt ihn aus. Selbst in einem kleinen Tanzstudio kann man den Eindruck haben, als bewege man sich in einem unbegrenzten Raum. Das Tanzen sprengt alle Wände, alle Decken, alle Mauern, die uns einschließen. Man schafft sich schließlich den eigenen Raum — mit seinen Armen, seinen Beinen, seinen Füßen. Der Tänzer ist ein Eroberer des Raumes. Diese Eroberung wird begleitet von der Enthüllung und dem Erkennen seines eigenen inneren Raumes. Auch dieser Raum, so entdeckt man, ist so groß und tief. Man spürt, wie er sich aushöhlt und ausweitet, wenn man den Körper im realen Raum Wellenlinien und Wendungen vollführen läßt. Im Tanzen vermählen sich also der äußere und der innere Raum des Menschen. Das Tanzen führt dazu, daß wir ganz eins sind mit der Welt, die uns umgibt, und der Welt, die in uns ist. Das bedeutet eine belebende persönliche Befreiung, durch die wir ein wenig zu unermüdlichen Wanderern in diesen zwei befriedeten Welten werden.

Ich finde, daß der Beitrag der Fotografie für das Tanzen sehr wichtig ist. Tanzen ist eine flüchtige, luftige Kunst, es bleibt von ihr nichts zurück. Die gegenseitige Ergänzung der Künste hat hier ihren Ausgangspunkt. Das Foto besitzt den Vorzug, daß es etwas vom Tanz festhalten kann. Natürlich kann es nicht den ganzen Reichtum voll wiedergeben. Aber es gelingt ihm, Bewegungen, Gesichtsausdruck, Körperhaltungen zu übermitteln, die sich sonst endgültig verflüchtigt hätten. Ich habe das Glück, daß meine Schwester Marie-Paule Berufsfotografin geworden ist. Seit ich den Karmel verlassen habe, arbeiten wir zusammen. Wir verbringen kostbare Stunden damit, unsere jeweiligen künstlerischen Begabungen zu verwirklichen, jede bemüht, immer ihr Bestes zu geben.

Der heilige Paulus hat in einem seiner Briefe gesagt: „Euer Leib ist der Tempel Gottes." Dem stimme ich auch mit ganzem Herzen zu. Ich verstehe diesen Satz so: Wenn man sein Leben so aufbaut wie einen Tempel, seine Möglichkeiten und Grenzen auslotet, sich selbst erkennt, wenn man daran arbeitet, daß der eigene Körper sich in Gewaltlosigkeit, in der Kraft der Zärtlichkeit, in einer wachsenden Festigkeit und Beharrlichkeit läutert, dann hat man schon ein wenig die Welt verwandelt, das Netz unserer Beziehungen verbessert, an der Vollendung der Schöpfung teilgenommen.

Ja, es ist schon viel, daß das Tanzen uns befähigt, ausgeglichen zu sein, besser zu lieben, ganz und vertrauensvoll in Gott zu leben. Es ist wichtig zu bezeugen, daß man seinen Glauben entspannt, doch auch kraftvoll leben kann. Das ist sogar notwendig. Ich füge hinzu: dringend notwendig!

Tanzen gibt der Begeisterung Form

Man denkt im allgemeinen, das Tanzen sei nur eine Form der ständig bis zum Äußersten getriebenen Exaltation. Doch das stimmt nicht. Das Tanzen befähigt ja gerade dazu, unserer Begeisterung Form zu geben. Es lehrt uns zwingend zu sehen, wie wir in Wirklichkeit sind, mit all unseren Fehlern und Unfähigkeiten. Es wirkt wie ein untrüglicher Spiegel. Tanz, sage mir, wer bin ich? Seine Antwort ist klar, ohne

Puder und Schminke. Man muß deshalb enorm an sich arbeiten, um seine Fehler zu korrigieren und zu überwinden. Erst recht, wenn man die Sehnsucht in sich verspürt, im Tanzen das eigene Sein so zu läutern, daß es zu einem Gebet wird; wenn es zu einem Akt des Glaubens und der Hoffnung werden soll. Das kann man nicht so nebenbei machen. Man muß bereit sein, viel zu arbeiten, zu leiden, wissend, daß die Anstrengung immer zu einer Selbstbefreiung führt.

Wer sich Gott weiht, darf die Schönheit nicht aus dem Blick verlieren. Ich hielte es zum Beispiel für besser, wenn die Wände im Kloster weniger trüb und trist wären. Ich mußte immer hübsche Gegenstände und schöne Bilder um mich haben. Jetzt in meiner Armut ist das noch viel notwendiger. Dieses einfache Schöne, ich denke zum Beispiel an Zeichnungen behinderter Kinder, die mein Zimmer schmücken und mir helfen in meinen Anstrengungen, die Natur zu überwinden. Ich mag es auch, daß man schöne und große Dinge fast aus nichts schafft. Häßlichkeit belastet mich. Fehlender Geschmack, fehlende ästhetische Bemühung und Nachlässigkeit empören mich tief. Dagegen kann gerade Schönheit meinen Stand der Armut zum leuchten bringen. Die Schönheit steht ja nicht im Gegensatz zur Armut, wie man oft glauben machen will. Ich habe beobachtet, daß sich arme Menschen mit Geschmack zu kleiden wissen. Sie kennen sehr wohl das Geheimnis der hübschen Farben. Das ist einer ihrer „Reichtümer". Dieser Zug zum Schönen spiegelt, dessen bin ich sicher, die Fülle der Tugend, die sie besitzen.

Nie in meinem Leben habe ich ein einziges Mal ernsthaft daran gedacht, das Tanzen aufzugeben, diese Gabe, die Gott mir anvertraut hat, damit sie Frucht bringe.

Für mich ist das Tanzen schon eine göttliche Art zu lieben. Ich verstehe es als die Bewegung, in der Gottes Willen wirkt. Es ist Gott zugehörig. Ich wäre wahrhaftig ein Masochist, wenn ich das Tanzen aufgäbe, wie man es manchmal verlangt hat. Selbst das Älterwerden wird mich nicht daran hindern zu tanzen. Ich will das Abenteuer der Jugend bis ins Alter wagen. Tanzen, das ist auch ein Zustand des Geistes, der es jedem erlaubt, jung oder alt, sich in Schönheit zu bewegen, in Ausgeglichenheit, ohne Gewalt, im Frieden mit sich und den andern. So will ich tanzen bis zum Tag meines Todes und darüber hinaus.

Das Ideal des Tanzes ist das Kreuz Christi. Das Kreuz ist Ausdehnung in die Breite, in die Höhe, in alle Dimensionen. Das Kreuz, und es allein, führt die Dimension des Kosmos und der Ewigkeit zusammen. Es ist wahrhaft das Symbol für jedes Opfer, das ein heiliger Tanz zu Gott emporsteigen lassen will. Es ist das Leiden und die letzte Prüfung der Liebe. Es ist Tod und Auferstehung. Es ist von der Erde und vom Himmel. Es ist Schrei und Stille. Es ist Körper und Seele. Es ist ich. Es ist Jesus! Schon vor meiner Umkehr zu Christus hatte ich entdeckt, daß Tanzen alles Verlassen heißen kann. Durch meine Ausbildung an der Opéra mußte ich auf manche Annehmlichkeiten, auf Freizeit, kurz gesagt auf vieles verzichten, was für die Jugendlichen meiner Generation selbstverständlich war. Der Verzicht hatte nichts mit Christentum zu tun. Ich lebte, so kann man sagen, schon an der Opéra wie in einem Kloster. Aber als ich mit zweiundzwanzig Jahren Christus fand, habe ich den Sinn und das Ziel all meines Verzichtens, der Askese, die das Tanzen erfordert, erkannt. Nun wußte ich, daß es mein Ziel war, Jesus Schritt für Schritt zu folgen — bis zu meinem Tod, bis in die Ewigkeit.

Das Tanzen hat mich ausgezeichnet vorbereitet für diesen langen Weg. Die Selbstzucht beim Tanzen hat mich gelehrt, all die Ängste zu überwinden, die uns im Fleisch stecken und die die Kriege unter den Menschen verursachen. Welche Ängste sind das? Die Angst vor sich selbst, vor den andern, vor der Zukunft, vor dem Unbekannten, vor Gott sogar. Franz von Sales sagt dazu: „Die Angst ist furchtbarer als die Sünde." Die Angst versetzt die Welt überall in Brand und Blutvergießen. Der Tanz ist eine der Widerstandsmöglichkeiten gegen diese Plagen. Er ist eine Friedensschule, der Bergpredigt gemäß, in der Jesus uns täglich lehrt: „Ich bin sanftmütig und demütig von Herzen."

Wenn man tanzt, tritt man notwendig aus sich selbst heraus. Man stirbt sich selber ab, um anders wiedergeboren zu werden. Aber wenn der Tanz zu Ende ist? Der Berufstänzer kann sich nach dem Tanzen tatsächlich schrecklich einsam fühlen, allein mit seinen bösen Geistern, das heißt mit seinen Fehlern, seiner Niedrigkeit, seiner Ohnmacht. Das ist der Absturz des Engels. Ich habe selbst diesen bitteren Geschmack des Abgrunds zu spüren bekommen, vor dem man nach dem schwindelerregenden Höhenflug des Erfolgs steht. Aber ich habe diese zur Prüfung werdenden Depressionen seit dem Tag nicht mehr erlebt, an dem mir die Person Christi offenbar wurde. Jesus hat mich vollständig immun gemacht gegen diese großen schwarzen Abgründe, die den Künstler am Ende seines Auftritts bedrohen. Ich weiß, warum und für wen ich tanze. Das genügt mir, um vor, während und nach der Ausführung meiner Kunst glücklich zu sein. Ganz selbst sein! Das unterscheidet wohl einen christlichen von einem profanen Künstler. Die Gewißheit, nicht nur eine Figur auf der Bühne zu sein, sondern eine wahrhafte Person in ihrer ganzen Fülle. Wahrhaftig in ihrem Handeln, wahrhaftig in ihrem Leben — nach den Forderungen des Evangeliums. Das Tanzen ist eine Möglichkeit, die schon in uns gegenwärtige Frohe Botschaft vom Reiche Gottes zu vermitteln. Das Tanzen sollte allen zugänglich sein, denn es kann jeden in innige Verbindung bringen mit diesem Reich, das in sich lebt. Ich spüre, daß Gott mich ruft, eine missionarische Tänzerin zu sein. Ich wundere mich täglich neu über die erstaunliche Macht dieser Kunst, den Menschen die Frohe Botschaft zu übermitteln. Ich arbeite leidenschaftlich und entschlossen daran, wenn ich mir auch bewußt bin, daß das Tanzen noch allzuoft Botschaften von weniger guten Göttern verkündet. Etwa wie die Baalstänze in der Bibel.

Beim Tanzen wird man selbst Gebet

Ich bete ständig für die Künstler, meine Brüder und Schwestern in der Kunst — wenn auch leider nicht in Christus! Ich bete oft für sie den Text, den ich eines Abends in meiner Zelle im Karmel aufgeschrieben habe:
„Mein Gott, gib den Künstlern, die den Ruhm bis zum Überschwang kennen, Hoffnung, denn sie fallen ebenso tief in Abgründe und Enttäuschungen wie sie im Erfolg emporsteigen. Möge aus ihrem ständigen Sterben neuer Fortschritt in ihrer Kunst geboren werden und mögen sie die innige Erfahrung machen, daß Du in ihnen für immer gegenwärtig bist."
Ich bete oft zu Jesus, daß man für die Künstler in seiner Kirche einen Ort des Entgegenkommens und des Verständnisses schaffen müßte. Ich wiederhole täglich dieses Gebet. Ich glaube, daß Gott mich hört und versteht. Ich bin sicher, daß er zustimmt. Aber ich muß die Absicht meines Gebets auch den Männern verständlich machen, die heute sein Schiff auf Erden lenken. Werde ich sie überzeugen? Meine Ungeduld

als Künstlerin muß mit der Geduld derer verbunden sein, die lieben; denn für den, der Gott liebt, ist die Geduld unbegrenzt.

Im Blick auf meine eigene Erfahrung denke ich vor allem an Künstler, die sich bekehrt haben. Die Kirche muß ihnen entgegenkommen und ihnen helfen, sich in ihrer Kunst zu vervollkommnen. Die Kunst, die Jesus dargebracht wird, muß im Schoß der Kirche wiedergeboren werden und so heilige Kunst werden. Ich habe in meinem Gebetsheft über diesen Ruf Jesu folgendes notiert und darüber meditiert: „Verlaß alles, was du hast, und folge mir." Und dann habe ich in einer Oration gehört: „Verlaß alles als dein Eigentum, aber finde es wieder nach Gottes Willen als sein Geschenk, das du zum Wohl aller in meiner Kirche fruchtbar machen sollst."

Wenn das Tanzen mich eine Askese gelehrt hat, die die Körperbewegungen bis zum Äußersten vorantreibt, so ruft Gott mich, in der Wahrheit bis zum Äußersten zu gehen. Ich zittere immer bei dem Wort Christi: „Ich heilige mich für sie (die Menschen), damit auch sie in der Wahrheit geheiligt sind" (Joh 17, 19). Diese Einführung in die Wahrheit kann weit gehen, sie hat Jesus ans Kreuz gebracht. Diese Forderung nach Wahrheit mache ich mir zu eigen. Das macht mich frei zu allem, gegenüber allem. Meine Freiheit hat nur Sinn, wenn ich diese Wahrheit suche, der ich meine ganze Existenz weihen will. Ich habe Mühe, meinen Ort als Ordensfrau, meinen Stand in der Kirche zu finden, gewiß. Aber wiegt dieses ebenso schwer wie die Forderung nach Wahrheit, an die ich mein Geschick binde? Durch diese Wahrheit, und nur durch sie, kann ich von der Liebe Gottes ergriffen und besessen werden.

Die Kunst ist ein Gesicht dieser Liebe. Tanzen ist mehr als mit seinem Körper beten. Ich wage zu sagen: Man wird dabei selbst Gebet. Man fängt Feuer. Man atmet, man spürt mit seinen Muskeln, seinen Knochen dieses Beten, das im Innern brennt. Man wird zum kochendheißen „Geysir", der dem Bauch der Erde entspringt. Der Gedanke Gottes ist süß wie Honig. Und der Körper denkt Gott, mit all seinen Kräften, er wird zur Danksagung wie in der Eucharistie. Das alles sind die Gründe, oder die Verrücktheiten, warum ich mich danach sehne, diese religiöse — meine ureigenste — Berufung als missionarische Tänzerin in der Kirche zu verwirklichen. Dieser riesenhafte Leib Kirche mit den vielen Gliedern braucht immer das Herz von Kontemplativen, den Geist der Gelehrten, die helfende Hand wie die der bewundernswerten Mutter Teresa, die Füße der Missionare, die Zunge der Dichter, die Leiber der Kranken, das Blut der Märtyrer. Aber die Kirche braucht auch die Sensibilität der Künstler.

Beten und Leiden gelernt

1980. Ich verbrachte zwar Tage und Nächte im Karmel damit, zu zeichnen, zu malen und zu schreiben, aber im Konvent tat sich ein Graben auf. Alles, was ich schrieb, widersprach mehr und mehr dem Lebensstil, der im Karmel üblich war. In diesen langen Jahren flüchtete ich mich ins Gebet und in die umfangreiche Korrespondenz mit Freunden und Unbekannten, die mir schrieben. Ich will nicht im einzelnen von diesen zahlreichen Zeugnissen der Freundschaft und des Glaubens sprechen, die mich im Karmel erreichten! Ich war mehr als erstaunt zu sehen, daß man mich nicht vergessen hatte. Ich erhielt sehr schöne Briefe von Frauen, die mir anvertrauten, wie sehr sie meine Bekehrung und das von mir gewählte Leben in ihrem Glauben gestärkt habe. Ich gestehe, daß ich nicht alle Briefe beantwortet habe. Ich war zunehmend unfähig, zumal brieflich und gegenüber Menschen, die ich nicht kannte, Zeugnis zu geben von einer Freude, die nicht mehr wahrhaft ungetrübt war.

Ich fühlte mich mehr und mehr von einem undurchdringlichen Nebel umgeben. Meine ewigen Gelübde wurden ständig auf ein späteres Datum verschoben. Ich erwartete mit schwerem Atem — wörtlich und im übertragenen Sinn — den Tag, an dem der Weg durch meine geistliche Wüste zu Ende sein würde. Im Grunde erwartete ich den Tod, denn ich zweifelte sehr daran, daß ich eines Tages den Karmel verlassen könnte. Ich versuchte schlecht und recht, gegenüber meinen Mitschwestern ein Lächeln zu zeigen. Oh Gott, wie mir das Lächeln das Herz zerriß! Es kam mir vor, als spielte ich eine Komödie, doch mir war eher zum Weinen zumute. Und dies trotz des außerordentlichen geistlichen Wohlwollens, das uns Ordensschwestern alle verband, ja trotz der Mühe, die sich einige machten, mich zu verstehen und mir zu helfen.

Doch im Karmel habe ich meditieren und beten, meine Gotteserkenntnis vertiefen gelernt, habe vor allem das Leben in Gemeinschaft erfahren. In Limoges habe ich entdeckt, welch ein wunderbarer Wert es ist, seinen Glauben mit anderen teilen zu können. Eine Einheit zu bilden mit anderen Glaubenden, das hat mir gewiß am meisten innere Freude gebracht während meines Lebens im Karmel. Ich kann mir künftig gar nicht mehr vorstellen, wie ich meinen Glauben isoliert leben könnte. Allerdings habe ich enorm darunter gelitten, daß man diesen Bruch mit der Familie vollziehen muß, wenn man Ordensfrau wird. Meine Eltern besuchten mich von Zeit zu Zeit. Aber immer in der Atmosphäre des Sprechzimmers, und nur in knapp zugemessenen Zeiten. Ich träumte davon, meine Mutter, mein „kleines Rosenblütenblatt", zärtlich zu umarmen. Ich nannte sie seit meiner Kindheit so, weil etwas so Zerbrechliches, Zartes, Verwundbares von ihr ausging. Ich hatte wirklich Lust, sie ganz fest in beide Arme zu nehmen, als sei ich ihre Mutter. Ich wäre gern mit ihr und mit meinem Vater fröhlich im Garten des Karmels spazieren gegangen. Ich litt auch, wenn meine Nichten, die kleinen Töchter meines Bruders, mich besuchten. Ich las in der Zeitung Berichte über die Reise des Papstes Johannes Paul II. Etwas an seiner Persönlichkeit faszinierte mich. Er nahm, wo immer sich Gelegenheit bot, Kinder in die Arme und hob sie hoch. Ich fand, daß diese Gesten des Papstes von einer großen Zärtlichkeit, von wahrer Spontaneität erfüllt waren. Wenn meine kleinen Nichten kamen, war ich fast krank vor Verlangen, sie in die Arme zu nehmen, sie zu küssen, mit ihnen zu tanzen. Aber dazu hatte ich kein Recht. Unglaublich, ich wurde tatsächlich eifersüchtig auf den Papst! Gegenüber meinen Nichten war ich dazu verurteilt, all ihren Fragen — etwa nach dem Ordenshabit oder nach unserem Leben, das sie „bizarr" fanden — unbewegt zuzuhören. Ihre Fragen trafen mich wie Stiche ins Herz. Ich spürte, daß das Gitter, das zwischen uns war, uns wie nie zuvor voneinander entfernte. Meine Nichten haben zu jener Zeit nur eine Frau in starrer Haltung, mit unbewegtem Gesicht zu sehen bekommen. Zweifellos fuhren sie zurück mit der Vorstellung, eher eine Statue als ihre Tante gesehen zu haben. Ich frage mich, warum es für eine Ordensfrau so schwierig sein muß, ihre Eltern und ihre Familienangehörigen zu sehen. Denn sie hätte durchaus auch einen notwendigen Auftrag in unseren Familien. Ich erlebe das heute deutlich, wenn ich meine Angehörigen besuche. Meine Eltern sind nicht praktizierende Katholiken. Wenn ich bei ihnen bin, dann natürlich als ihr Kind, aber ich bin auch bei ihnen im Namen Jesu. Darüber rede ich nicht ständig. Aber mein Auftrag als Ordensfrau, das spüre ich deutlich, ist auch lebendig in der Zuneigung, der Liebe, die ich ihnen entgegenbringe. Auch abgesehen von einem fest umrissenen Glauben, leben wir doch gut zusammen. Und in dieser tiefen Übereinstimmung der Herzen ist auch Jesus da. Diese kostbaren Bindungen, diese Augenblicke wahren Glücks bewirken, daß in der Liebe zu den Meinen die Verehrung Gottes, seine ewige Gegenwart spürbar wird. Ich mache heute die Erfahrung: Wenn man seine Eltern um der Liebe Gottes Willen verlassen hat, dann ist es auch denkbar, daß man in ihnen Gott wiederfinden kann.

Während all dieser Jahre der körperlichen und geistigen Prüfungen war das Gebet meine große und einzige Ermutigung. Mein Dialog mit Gott wurde von Tag zu Tag intensiver. Das Beten war mein tägliches Brot. Ich gab mich diesem Dialog hin mit dem Eifer und der Begeisterung der ersten Tage. Aber im Beten durchbrach ich die Umgrenzung des Karmel. Es schleuderte mich hinaus, auf die andere Seite des Gitters. Beim Beten entfernte ich mich — mit dem Herzen und den Gedanken — vom Kloster. Doch die Realität war ganz anders. Ich war im Karmel, und zwar, dachte ich, für immer. Ich glaube, wenn man in ein Kloster eintritt, sollte man nicht genötigt sein, die Tür für immer, endgültig zu verriegeln. Ich bin, das weiß ich, sicher nicht die einzige Ordensfrau auf der Welt, die eines Tages vor drängenden Fragen steht — die nicht ihre Berufung, aber die gewählte Lebensform betreffen. Es muß, meine ich, möglich sein zu sagen: „Ich kann nur einen Lebensabschnitt anzielen, Gott ruft mich anderswohin." Man müßte kontemplative Klöster gründen, die Menschen aufnehmen, die sich wie in eine große Wüste zurückziehen wollen, um ihr Leben, ihr Denken, ihr Herz, ihre Fähigkeiten ganz Gott hinzugeben, ohne Berechnung, in einer Art von mystischer „Verrücktheit", die schließlich erlaubt sein muß! Aber müßte man nicht die Riegel sprengen? Nicht um ins frühere Leben zurückkehren zu können. Nein, um voranzugehen, um dem Ruf Christi folgen zu können, anderswohin, in ein anderes Land der Sendung, jenseits des Klosters.

Zeigt Gott mir ein anderes Land der Verheißung?

Gott kann von jedem diese totale Umkehr, den Eintritt in den Karmel, den Weg in die Wüste verlangen — wie er es bei mir getan hat. Aber Gott spricht immer wieder. Er ist frei! Haben wir das Recht, den Riegel vorzuschieben und zu sagen: „Gott hat ein für alle Mal gesprochen, also bin ich da und bleibe da!" Und wenn das Wort Gottes uns etwas anderes sagt? Kann man das Wort Gottes einschließen? Gott ist kein Endpunkt, keine Schranke, kein endgültiger Horizont. Er ist ewige Erneuerung, ständiger Wiederbeginn. Sein Wort ist lebendig. Gott ist im Herzen allen Lebens.

Da die Mutter Oberin all meine Konflikte kannte, gab sie mir eines Tages die Erlaubnis, den Karmel zu verlassen. Ich hatte mehr als zehn Kilo Gewicht verloren! Ich konnte kaum noch etwas essen. Aber das lag nicht etwa an mangelhaftem Essen. Keineswegs! Die Mahlzeiten im Karmel waren bekömmlich. Wir konnten uns gut von den Produkten des Gemüsegartens und der Landwirtschaft des Karmel ernähren. Aber ich hatte keinen Hunger. Ich war zu sehr von den Fragen nach meiner Zukunft als Ordensfrau bewegt. Ich schlief zu wenig. Die Nächte waren lang, in denen ich um eine Lösung meiner Probleme rang! Ich lebte fast wie eine Schlafwandlerin, ich saß über meinen Arbeitstisch gebeugt da, zeichnete oder schrieb meine intimsten Gedanken auf.

Ich glaube, mein Gesundheitszustand gab den Ausschlag für die Entscheidung der Mutter Oberin. Ich litt am ganzen Körper. Meine Muskeln waren allmählich geschwunden, mein

Rücken krümmte sich mehr und mehr. Ich hatte mir tatsächlich eine dreifache Krümmung der Wirbelsäule zugezogen. Ich war schwach wie noch nie geworden. Die Mutter Oberin gab mir den dringenden Rat, ich solle einen Erholungsurlaub machen und über meine Zukunft nachdenken. Ich sagte, es käme für mich nicht in Frage, das Ordensgewand abzulegen. Ich wollte Ordensfrau sein. Ich wollte es ebenso, wenn nicht noch mehr, wie ich damals das Tanzen übte, um immer mehr aufzusteigen, noch weiter zu kommen. Ich verließ also den Karmel in einem ziemlich elenden körperlichen und geistigen Zustand. Doch ich sah diesen Weggang nicht als ein Scheitern an. Nicht eine Stunde, eine Minute, eine Sekunde bedauere ich diese Erfahrung im Karmel, bis auf den heutigen Tag nicht. Ich habe dort viel gelitten, aber das war die Wüste, in die mich Gott gerufen hatte. Als ich den Karmel verließ, hatte ich die Gewißheit, daß er nicht sein letztes Wort gesprochen hatte, als er mich dorthin schickte. Er zeigte mir ein anderes Land der Verheißung. Ich war mir bewußt, daß ich nach dem Weggang aus dem Karmel nach zehn Jahren Abgeschiedenheit wieder in die Welt draußen eintreten mußte. Ich mußte diesen Schock aushalten! Zweifellos würden mir bittere neue Kämpfe nicht erspart bleiben, wenn ich die Sendung ausführen wollte, die Gott von mir forderte: wieder zu tanzen und die Frohe Botschaft zu verkünden. Würde ich überhaupt die körperliche Kraft haben, die Pläne Gottes zu erfüllen? Mein Gesundheitszustand war nicht danach! Es schien mir unmöglich, in einem abgemagerten, wie eingerosteten Körper wie dem meinen wieder die Muskulatur einer Tänzerin ausbilden zu können. Die Unbeweglichkeit und die Krankheit waren wie ein Abgrund, furchtbar und anziehend zugleich... Aber ich dachte auch an all das, was ich nach meinem Eintritt in die Opéra überstanden hatte. Meine „heroischen" Anfänge beim Tanzen... Offenbar verlangte Gott von mir den Beweis eines „übernatürlichen Heroismus". Ich habe damals viel an Tanzwunder wie Janine Charrat gedacht, an diese Vorbilder an Mut, von Geheimnis umgeben. Gott allein kann den Grad von Glauben ermessen, der jeden von ihnen erfüllt hat. Er allein erkennt „die Seinen", durch die vielfältigsten Formen hindurch, in denen sich der Glaube ausdrückt.

Eine andere große Schwierigkeit ergab sich aus meiner Situation als Ordensfrau. Ich hatte noch immer nicht meine ewigen Gelübde abgelegt. Damit war ich nach dem Kirchenrecht nicht als Ordensfrau anerkannt. Während ich dies schreibe, lebe ich noch unter den Bedingungen der zeitlichen Gelübde. Ich kann nicht sagen, daß mir das genügt. Meine Freude wäre vollkommen, wenn die Kirche mir ihr volles Vertrauen schenken und mir erlauben würde, daß ich feierlich meine Treue zu Christus gelobe. Ich vergehe vor Sehnsucht danach! Aber ich bin von jetzt an durch meinen Willen und meinen Glauben Jesus geweiht. Ich strebe jetzt mit allen Kräften meiner Existenz danach, daß meine Weihe an die Wahrheit im Kreis meiner Brüder und Schwestern in Jesus von der Kirche angenommen und, wer weiß, kirchenrechtlich anerkannt wird.

Ich habe den Karmel verlassen, weil ich mir sagte, daß alles möglich ist, weil ich mit der Liebe Gottes gewappnet bin. Er allein zählt. Er allein wird mir auch helfen zu tanzen. Die Liebe Gottes zu tanzen, um mit aller Kraft zu bezeugen, daß Gott lebt.

Kann Gott nicht auch durch Tänzer zu den Menschen sprechen? Würde ich die demütige Ballerina Jesu, meines Tanzmeisters, sein?

III. Die Zukunft tanzen

Langsam kommt Mireille wieder zu Kräften

Die Eltern von Mireille, die jetzt in Cannes wohnen, erkennen sie kaum wieder, als sie zurückkommt. Sie ist wirklich entstellt! Monsieur Nègre ist empört über den Zustand seiner Tochter. Der Mutter ist zum Heulen zumute. Abgezehrt, leicht gebeugt, gelb im Gesicht, mit unstetem Blick begibt Mireille sich in ärztliche Behandlung. Sie ist einer Gelbsucht nahe. Ihre Eltern sind tief beunruhigt. Was soll nun aus ihr werden?

Mit 38 Jahren ist Mireille völlig mittellos. Keine Arbeit, kein Geld, kein Haus, nicht die geringste Existenzgrundlage. Im übrigen weiß Madame Nègre aus Erfahrung, daß ihre Tochter unfähig ist, sich allein zu versorgen. Als sie noch in der Opéra tanzte, hatte sie einige Monate in einem kleinen Appartement in der Nähe des Étoile gewohnt. Damals hat sie sich kaum ausreichend ernährt. Sie mußte in den elterlichen Haushalt zurückkehren. Und eine andere Sorge der Eltern: Mit dem Austritt aus dem Karmel verliert Mireille ihre Krankenversicherung, die für Ordensfrauen Pflicht ist. Sie muß rasch in eine Krankenkasse eintreten, denn ihr Gesundheitszustand verlangt kostspielige ärztliche Behandlungen. Monsieur und Madame Nègre machen alle Anstrengungen, um ihrer Tochter zu Hilfe zu kommen. Ihre Liebe ist stärker als die Bitterkeit und Verzweiflung, die sie angesichts des körperlichen Zusammenbruchs ihrer Tochter empfinden. Doch Gott weiß, wie bitter das alles war, besonders für Monsieur Nègre. Wer hat denn Mireille in diese Galeere, den Karmel, gehen heißen?

Langsam kommt Mireille wieder zu Kräften. Das ist keineswegs eine plötzliche Genesung! Aber die Ruhe, die ärztliche Behandlung und die sie umgebende Fürsorge helfen ihr allmählich wieder auf die Beine. Sie versucht sogar zu tanzen. Ganz vorsichtig, furchtsam. Es ist zu lange her, seit sie Tanzschuhe angehabt hat!

Bei ihren Sparziergängen am Strand oder auf der Croisette in Cannes, das Gesicht von der Sonne des Südens umspielt, beginnt Mireille über ihre Zukunft nachzudenken. Was kann sie jetzt machen? Tanzen, das ist sicher, Gott zu Ehren tanzen. Aber wo? Sie träumt von einem idealen Kloster, in dem sie ihre Kontemplation fortführen, ausdrücken, ausmünden lassen könnte im Tanzen. Gab es in Frankreich nicht, wie in Afrika, Klöster, in denen die Ordensfrauen um den Altar tanzten, um Gott zu loben? Mireille träumt einen Augenblick davon, Afrikanerin zu sein. Sie denkt, daß die Länder der Dritten Welt, die ärmsten unter den Armen, die Propheten unserer Zeit sind. Sie kümmern sich nicht um Vorurteile und Verhaltensregeln, wenn sie ihren Glauben in Freiheit feiern. Bei ihnen sind Religion und Kultur eng verbunden, sie sind Teil ihrer Lebenskunst. Wir in den reichen Ländern Europas haben schwer Zugang zu dieser Einfachheit der Ärmsten der Welt. Sind wir nicht in unseren kulturellen Widersprüchen versteinert? Doch Mireille gibt die Hoffnung nicht auf, eine Ordensgemeinschaft zu finden, die akzeptiert, daß sie Gott auch im Tanzen loben kann.

Sie trifft damals auch Michaëlle* (Domin), eine konvertierte Schriftstellerin, die sie darauf hinweist, daß es in der Vendée eine Ordensgemeinschaft gibt, in der das Beten mit Körperbewegungen erprobt wird. Es handelt sich um die Visitantinnen des Klosters Sainte-Marie in Vouvant, einen kontemplativen Orden, der weniger streng ist als die Karmelitinnen. Mireille nimmt Kontakt auf mit Schwester Thérèse, der Oberin des Klosters. Sie ist bereit, die Gestrandete aus dem Karmel aufzunehmen.

* Von ihr liegt deutsch vor: Michaëlle, „Beten mit Körper, Seele und Geist", Matthias-Grünewald-Verlag, Mainz.

109

Ich wurde bei meiner Ankunft in Vouvant von den Schwestern herzlich empfangen. Ich fand in dieser Ordensgemeinschaft jene Wärme der Kirche, die ich so nötig hatte. Und dann tat die Landschaft der Vendée meinen Augen wohl. Vom Kloster aus konnte ich die Kirche aus dem 12. Jahrhundert sehen, die mitten im Dorf steht. Ich hatte auch Freude an dem Duft, der von den Feldern und Wäldern des Massif du Mervent kam, die im Sommer so grün und im Herbst so goldbraun sind. Ich fühlte mich bald wie neu geboren im Herzen dieser grünen Hügel, am Rande dieser dichten Wälder, auf den Wegen weit übers Land. Ich hatte Lust, mich, wie damals als Kind, ganz und gar dieser freundlichen Natur zu überlassen, die sich mir darbot wie ein grenzenloser Park Montsouris.

Die Einwohner des Dorfes haben sehr rasch von meiner Ankunft im Kloster der Visitation erfahren. Wie war ich freudig überrascht, als Schwester Thérèse mir mitteilte, daß Familien im Dorf gebeten hatten, ich solle ihren Kindern Tanzunterricht geben. Endlich konnte ich Ernst machen mit meinem Apostolat des Tanzes!

Die Verantwortliche des Elternrats hatte schon alles geregelt, bevor wir uns trafen. Wir kamen rasch überein, daß ich den Kindern jeden Mittwochnachmittag Kurse in der Gemeindeschule geben sollte. Am nächsten Tag machte ich mich an die Arbeit. Ich erinnere mich, daß die Kinder die Schulbänke zusammenrückten, damit wir Platz hatten, und ich begann meine erste Stunde.

Ich gab nicht zum ersten Mal Tanzunterricht. Bevor ich in den Karmel eintrat, und nach den denkwürdigen zwei Monaten „Noviziat" bei meinem Großvater, lebte ich vier Monate in der „Arche" von Jean Vanier in der Nähe von Compiègne, wo Behinderte aufgenommen werden. Ich war erstaunt, als ich sah, wie gut ihnen das Tanzen tat. Wenn man geistig Behinderte, Erwachsene und Kinder, sich nach Musik bewegen läßt, tanzen sie wirklich ohne Hemmungen. Das Tanzen führt bei ihnen zu einer wunderbaren Befreiung. In der „Arche" habe ich mit Behinderten oft bei Festen getanzt, die wir für sie veranstalteten. Unvergessen sind mir jene Augenblicke einer großen „Übereinstimmung", die ich mit einigen von ihnen erleben durfte; einer übrigens einfach zu erreichenden „Übereinstimmung". Ich fühlte mich sehr wohl bei ihnen. Sie sind zärtlich, liebevoll, einfach. Sie drücken das alles im Tanzen aus. Sie begeben sich gerne in die Schule der Zärtlichkeit und des Friedens.

Diese Erfahrung hatte mich gelehrt, daß die Kenntnis der Menschen eine unerläßliche Voraussetzung ist für den Tanzunterricht. Es ist absolut notwendig, daß der Lehrer die Bedürfnisse und Motivationen eines jeden Schülers kennt. Von der ersten Unterrichtsstunde an, die ich den Kindern von Vouvant gab, die zwischen acht und zwölf Jahre alt waren, versuchte ich herauszufinden, wer sie waren. Ich habe sofort erkannt, daß sie das Tanzen weder aus der Nähe noch aus der Ferne kannten.

Ich habe deshalb eine Methode des Tanzens nach ihren Bedürfnissen erarbeitet. Das begann mit ganz einfachen Übungen, einer Art ABC der Körpererziehung. Mein erstes Ziel war, ihnen beizubringen, wie sie ihr Gleichgewicht finden, ihren Körper auflockern, ihre sonst oft sehr abrupten Bewegungen geschmeidig machen konnten. Ich versuchte, ihnen auch ganz elementare Bewegungen wie das Pflücken einer Blume oder das Halten eines Gegenstands beizubringen. Ich halte es für wichtig, den Kindern zu helfen, daß sie den Sinn bestimmter Bewegungen wiederentdecken, besonders jene, die sie der Natur nahebringen. Ich spürte, daß die Schüler dieses Kurses, Jungen und Mädchen, sich sehr darum bemühten, an ihrem Gleichgewicht zu arbeiten. Woche für Woche versuchten wir ein wenig schwierigere Übungen. Es war aufregend zu sehen, welche Fortschritte diese Kinder machten in der Kunst, auf einem Bein das Gleichgewicht zu halten! Einige waren aus ganzem Herzen dabei, ihre Kunst zu verfeinern!

Ich weiß nicht, ob die Kinder in ihrer Begeisterung auch zuhause einiges vorführten. Auf jeden Fall fragten mich eines Tages die Mütter, ob sie auch tanzen lernen könnten. Ich sagte das gerne zu. Auch hier beschäftigte ich mich mit den persönlichen Bedürfnissen einer jeden Frau. Jede hatte ihre besonderen Probleme: Die eine brauchte eine Entspannung der Muskeln, bei einer anderen war es eine Unterleibsschwäche, kurz, all die kleinen körperlichen Mängel, die ihnen zu schaffen machten. Meine Aufgabe war es, ihnen Übungen zu vermitteln, die ihnen bei der Beseitigung ihrer persönlichen Mängel helfen konnten. Ich half ihnen vor allem bei der Verbesserung ihrer Atmung. Viele dieser Frauen waren ausgezeichnete Schülerinnen. Einige haben mir geschrieben, wie sehr das Tanzen ihnen geholfen habe, ihr körperliches und auch ihr seelisches Gleichgewicht wiederzufinden.

Schließlich baten mich die Mütter, ihre ganz kleinen Kinder das Tanzen zu lehren. Ich eröffnete also einen neuen Kurs für die Vier- bis Achtjährigen. Ich habe für sie eine Methode entwickelt, die stark von der Natur, den Tieren und Pflanzen inspiriert ist. Um ihnen das Erwachen eines Körpers begreiflich zu machen, erzählte ich ihnen zum Beispiel die Geschichte von einem großen Bären, der den ganzen Winter in seiner Höhle geschlafen hat und der nun am ersten Frühlingstag erwacht. Oder ich erzählte ihnen, wie ein junger Vogel zum ersten Mal mit den Flügeln schlägt, wenn er am Rande des Nestes zum ersten Flug ansetzt. Um ihnen beizubringen, wie man seine Bewegungen beherrschen kann, beschrieb ich ihnen eine Pappel, die ihre Wurzeln in den Boden gräbt und ihre Äste sehr hoch hinauf streckt, trotz des Windes, der dort weht. Diese bildhafte Methode sollte ihnen eine körperliche und zugleich geistige Erziehung vermitteln. Wenn man seinen Körper und seinen Geist beherrscht, verhält man sich anderen Menschen gegenüber kontrollierter, friedlicher. Ich glaube, auf dieser Grundlage kann man eine Katechese aufbauen.

So habe ich den Kindern zwischen acht und zwölf Jahren gezeigt, wie man das *Vaterunser* und das *Gegrüßet seist du Maria* von Bewegungen begleitet beten kann. Ich konnte ihnen sogar einen kleinen Tanz für diese schönen Gebete entwickeln. Beim Schulfest haben sie auch nach einem Weihnachtslied getanzt. Und ich muß gestehen, sie übermittelten mir auf vielerlei Weise ihren Dank. Sie schrieben mir Briefe, machten Zeichnungen für mich, die zeigten, daß sie sich freuten, tanzen gelernt zu haben. Das kam auf rührende Weise an meinem Geburtstag zum Ausdruck. Als ich in die Schule kam, bildete der ganze Kurs einen Kreis im Schulhof. Jedes Kind hatte ein Blumensträußchen und ein kleines Geschenk in der Hand. Meist waren es Zeichnungen, auf denen stand: „Danke, Schwester Mireille", oder: „Nicht alle Kinder haben die Chance, die wir haben." Ich habe all diese Zeichnungen und Worte der Kinder sorgfältig aufbewahrt. Ich schaue sie noch oft an, immer tief bewegt. Das Zeugnis dieser Kleinen hat mir auch wieder viel Mut gemacht. Mit ihnen konnte ich zum erstenmal mein Apostolat verwirklichen. Meine Tanzkurse hatten wesentlich das Ziel, daß meine kleinen Schüler wieder zu sich selbst fanden, und zu einer Gegenwart, der Gegenwart Gottes. Sogar wenn sein Name nicht ausdrücklich genannt wurde.

Bei dem Schulfest sah auch der Spiritual des Klosters bei den Tänzen zu, die ich mit den Kindern eingeübt hatte. Den anwesenden Eltern erläuterte ich vorher die Bedeutung der Bewegungen, die ihre Kinder ausführten. Ich sagte ihnen, beim Tanzen suche man nicht zuerst die Bestleistung oder das Künstlerische. Nach meinem Verständnis sollte das Tanzen vor allem eine Botschaft, eine gute Nachricht vermitteln. Deshalb ist Tanzen ein Glaubensakt, der die Zuschauer einlädt, an dieser Form des Gebets teilzunehmen. Der Spiritual sprach nach mir und sagte: „Der Glaube ist unsichtbar. Aber hier konnten wir etwas davon berühren, sehen." Ich war glücklich, daß mich dieser Priester verstanden hatte. Zum ersten Mal hatte ein Träger eines kirchlichen Amts öffentlich das Ziel meines Auftrags anerkannt.

Nach einigen Monaten wagte ich es, die Kinder ein Tanzheft führen zu lassen. Ich hatte festgestellt, daß sie sich am Anfang des Kurses nicht konzentrieren konnten. Deshalb ließ ich sie vorher jeweils zehn Minuten über das Tanzen schreiben. So konnten sie nach Herzenslust erzählen und zeichnen, was ihnen das Tanzen vermittelte. Dadurch wurde ihr Vorstellungsvermögen frei und konnte sich ausdrücken. Und ich stellte fest, daß sie danach auch besser für die Bewegungsübungen vorbereitet waren. Das kleine Heft erlaubte dem Kind, seinen kreativen Geist zu entfalten. Ich sah mir regelmäßig die Arbeiten an. Und da fand ich immer kleine Kostbarkeiten.

Ich habe auf diese Weise wirklich künftige kleine Dichter entdeckt. Der Verfasser des folgenden Textes ist zum Beispiel neun Jahre alt:

„Das Tanzen macht mich froh.
Wenn ich tanze, ist mein Herz von Freude erfüllt,
wie mein Geist.
Wenn ich tanze, geht das Unglück fort
und das Gute kommt zurück.
Danke, Schwester Mireille,
für dieses schöne Tanzen,
das uns froh macht
und uns vereint in unserem Kurs."

Ich habe für die Kinder auch eine Methode des poetischen Tanzes verfaßt, die sie in ihren Heften beschrieben:

„Das Tanzen ist eine Folge von Bewegungen, schön, anmutig und rhythmisch. Mein Herz schlägt immer im Takt in meiner Brust. Deshalb atme ich. Bin ich glücklich, dann blüht mein Atem auf wie eine Blume auf der Wiese. Bin ich unruhig, dann erstickt mein Atem wie ein verwundeter Vogel. Wenn ich vergnügt bin, springt mein Atem wie ein Ball. Im Zorn zerstört mein Atem in mir etwas: Das ist wie der Krieg in der Welt. Bin ich gut, dann wiegt sich mein Atem wie ein Boot im Meer. Mein Nächster ist wie ich mit eigenem Leben erfüllt. Im Tanz des Universums bin ich nie allein glücklich, unruhig, vergnügt, nie allein zornig, böse oder gut, ohne daß die andern es spüren. Mein Glück kann im anderen ausbrechen, wie sein Glück in mir ausbrechen kann. Meine Unruhe können auch andere erfahren, so wie ihre Unruhe mich erfassen kann. Mein Spiel kann meinen Nächsten fröhlich machen oder zerstreuen oder ärgern. Bin ich in meinem Zorn böse oder gut? Wenn ich böse werde, dann zerstöre ich etwas in meinem Nächsten. Aber wenn ich gut bin, dann wiegen wir uns zusammen wie das Boot im Meer.

Wenn ich will, kann ich mein Leben tanzen. Wenn ich will, kann ich mit meinen Brüdern tanzen, da wo ich gerade bin. Ich kann in meinem Herzen tanzen. In meinem Körper kann ich tanzen. Tanzen kann ich in meinem Leben. Zusammen können wir tanzen den Rundtanz der Brüderlichkeit."

Ich habe für die Kinder auch eine Geschichte des klassischen Tanzes, von den Anfängen bis zur Gegenwart, geschrieben. Mit einfachen Worten und kleinen Zeichnungen habe ich dieses außerordentliche Abenteuer der Menschen dargestellt, die im Laufe der Jahrhunderte Schönes zu schaffen und sich aus der Tiefe ihres Körpers auszudrücken versuchten. Ich muß sagen, daß die Kinder mir mit viel Interesse zuhörten.

Diese Stunden Geschichte des Tanzes begeisterten sie wirklich.

Ich habe auch ein Gebet verfaßt für die kleinen „Ratten" der Opéra. Ein Gebet, das von all dem inspiriert ist, was ich durch meinen Unterricht im Menschen bewegen und entfalten möchte: Zärtlichkeit, Frieden, Schönheit, Liebe, Mut. Dieses Gebet habe ich auch geschrieben für das Kind, das immer unter dem Panzer der Erwachsenen sich tummeln und sich wundern wird:

„Jesus, hilf mir,
daß ich immer weiter gehe,
daß ich immer höher tanze,
daß ich immer stärker liebe.
Gib mir Mut und Ausdauer
in meinen Übungen.
Laß meine Seele überflutet sein
vom unsichtbaren Licht Deiner Eucharistie.
Du hast mir einen Körper gegeben zum Tanzen,
ich biete Dir meine Arbeit an.
Bewahre uns in Deinem Frieden.
Unsere liebe Frau von der Schönheit
schütze uns
und lasse unsere Kunst strahlen unter Deinem Licht,
inmitten unserer verwundeten Welt,
damit die Schönheit und die Liebe
sie über den Haß und den Krieg hinwegtragen,
zum Ruhme Deines Namens."

Tanzen für Gott — im Fernsehen

An einem Tag im Winter 1983 läutet das Telefon im Kloster von Vouvant. Jacques Chancel will Mireille sprechen. Sie ist nicht erstaunt, als man ihr den Namen des berühmten Anrufers nennt. Sie ist auf ihrem Weg immer wieder mit Leuten von der Presse und den anderen Medien zusammengetroffen, die von dieser Ordensfrau, die anders war als die andern, Neues erfahren wollten. Jacques Chancel schlug ihr vor, am 21. März 1983 in seiner Sendung „Grand Échiquier" aufzutreten. Dort könne sie über ihr ungewöhnliches Schicksal und ihre Zukunftspläne sprechen. Jacques Chancel bittet sie alles in allem darum, Zeugnis abzulegen. Mireille antwortet: „Einverstanden. Aber ich möchte auch tanzen." Ihre Antwort ist gewiß ganz im Sinne von Jacques Chancel.

Mireille hat also selbst vorgeschlagen zu tanzen. Für sie ist das eine Chance, endlich ihr künstlerisches Apostolat öffentlich, unter den Scheinwerfern des Fernsehens, vor einem sehr großen Zuschauerkreis zu praktizieren. Das eigentliche Zeugnis, das sie vor dem Fernsehpublikum geben kann, ist ihr Tanzen. Vor dem Mikrofon über ihre spezielle Berufung zu sprechen, hat ihrer Meinung nach nur einen Sinn, wenn sie die Möglichkeit hat, diese Berufung direkt am Bildschirm zu verwirklichen.

Aber Mireille ist keineswegs auf diese Begegnung mit dem Fernsehpublikum vorbereitet. Sie hat seit Jahren nicht mehr regelmäßig geübt wie in der „heroischen" Zeit, als sie in großen Inszenierungen der Opéra mitwirkte. Ihre Tanzkurse in Vouvant hatten wohl ein wenig zur alten Beweglichkeit beigetragen. Aber sie ist noch lange nicht in der nötigen Form. Nach zehn Jahren im Karmel hat sie einfach ihr Handwerk verlernt; und viel an Gesundheit eingebüßt. Seit sie Limoges verlassen hat, konnte sie ihre frühere physische Leistungsfähigkeit nicht mehr erreichen. Ihr Körper ist wie eingerostet. Ihre Schlankheit ist zur Magerkeit geworden. Noch schlimmer: Mireille schleppt seit einigen Wochen eine Virus-Gelbsucht mit sich herum.

Aber Mireille nimmt auf sich selbst keine Rücksicht. Schwester Thérèse, die Oberin des Klosters, erinnert sich, daß Mireille häufig nach ihren Tanzkursen blutige Füße hatte. „Das macht nichts", sagte sie mit einem verstohlenen Lächeln, „Jesus hat Schlimmeres gelitten." Resignation kennt Mireille nicht. Sie versucht, den Kindern ein gutes Vorbild zu sein. Das ist ihr höchstes Ziel.

Der 21. März kam näher. Zwei Wochen vor der Sendung nahm Mireille Kontakt auf zu ihrer früheren Lehrerin, Solange Golovine, die in der Nähe der Pont de l'Alma in Paris ein Tanzstudio leitet. Sie übernimmt es sofort, Mireille auf den Auftritt vor dem Fernsehen vorzubereiten. Schwester Thérèse erlaubt Mireille, das Kloster zu verlassen. Sie reist nach Paris.

Zwei Wochen lang arbeiten Solange und Mireille fieberhaft. Beide sind sich der Bedeutung des Ereignisses, das sie vorbereiten, bewußt. Solange Golovine selbst ist vom Erfolg ihrer Schülerin überzeugt. „Mireille Nègre", sagt sie, „ist einfach mit der Tanzkunst geboren worden." Mireille genießt erneut die Atmosphäre, die in einem Ballettsaal herrscht. Sie ist mitten unter Jungen und Mädchen, alles Anfänger. In diesem Jungbrunnen lernt sie wieder die Glieder zu bewegen und den Körper geschmeidig zu machen.

Mireille will das Gloria von Vivaldi tanzen. Zusammen mit Solange Golovine entwirft sie die Choreographie. Der Countdown beginnt. Mireilles Herz schlägt von Tag zu Tag schneller. Zum ersten Mal in ihrem Leben wird sie einen sakralen Tanz gestalten. Sie wird Gott tanzen vor Millionen von Fernsehzuschauern. Dies schreckt sie weniger als die Frage, wie sie dem Publikum ihre Botschaft übermitteln kann. Wenn sie im Namen Jesu Christi tanzt, dann auch und vor allem, um die Herzen der Menschen zu ein wenig mehr Lächeln zu bewegen. Einige Zeitungen haben „die unglaubliche Rückkehr einer Karmelitin in die Welt" angekündigt. Die Fernsehzuschauer des „Grand Échiquier" entdecken in Wirklichkeit auf ihrem kleinen Bildschirm die unglaubliche künstlerische und physische Leistung von Schwester Mireille, die gerade wiedergenesen ist.

Was soll man noch dazu sagen? Sie tanzt, zusammen mit Michael Denard, das Gloria, als hätte sie es schon immer getanzt. Man hält es kaum für möglich, daß sie diese Höchstleistung in einigen Tagen erreicht hat. Tatsächlich sehen Millionen, wie diese junge Frau im weißen Tanzkleid anmutig und sicher die Hymne zum Lobe Gottes gestaltet. Was ging vor in den französischen Wohnungen, die das Fernsehgerät eingeschaltet hatten, um diese Sendung zu sehen?

Mireille erhält in den Tagen danach nicht nur viele Zeichen der Dankbarkeit von Zuschauern. Man erkennt sie in den Straßen von Paris wieder. Frauen sagen bewegt zu ihr: „Dank, vielmals Dank ... Sie verkörpern die Kunst und die Spiritualität." Vor allem aber durch Zuschriften erfährt Mireille, daß man sie verstanden hat. Sie erhält Hunderte und Aberhunderte von Briefen von Frauen aller Alters- und Berufsschichten. Alle vermitteln ihr Zustimmung und Bestärkung. Mehr noch: Diese Zeugnisse machen Mireille zur Sprecherin all jener Frauen, die ihren Glauben durch die ihnen eigene Sensibilität auszudrücken wünschen.

Paule schreibt:

„Ich hatte das Glück, Sie in der Sendung ‚Grand Échiquier' von Jacques Chancel sehen und hören zu können. Ich möchte Ihnen Dank sagen für dieses bewundernswerte Zeugnis. Es fegt mit einem Windstoß all die Manifestationen eines falschen Charismas hinweg; und es stellt, wie mir scheint, die außerordentliche Freiheit des Heiligen Geistes im Aufruf zum geistlichen Leben wieder ins volle Licht... Sie erinnern mich an Franz von Assisi. Ich denke nicht, daß dieses Lob Sie zur Eitelkeit veranlaßt, denn wenn Gott Ihnen so viel Gnade gewährt hat, dann, meine ich, ist er auch ihr alleiniger Meister, und ich weiß, daß die Demut von innen kommt, aus der tiefen Erfahrung unseres Nichts, und nicht von den Schmeicheleien oder der Verachtung der Menschen...

Die Tänzer und Tänzerinnen sind für mich der Ausdruck des Menschseins in seiner ursprünglichen Reinheit, so wie Gott es geschaffen hat, mit der Herrlichkeit eines mit der Seele geeinten Körpers.

Ich habe auch verstanden, daß Sie als Erste Tänzerin es nicht über sich brachten, sich eine Rolle anzueignen und sie dadurch anderen wegzunehmen. Für mich ist das christliche Leben im Berufsleben am schwierigsten zu verwirklichen. Wie kann man auch nur ein einfacher Angestellter sein, ohne sich als Christ zu verleugnen? In unserer Gesellschaft ist der wirkliche Christ notwendig ein Außenseiter. Und wenn er sich durchsetzt, dann als ‚Verrückter‘ Gottes. Durch Gnade. Das eigentliche Problem ist heute weniger die Arbeitslosigkeit als die Schwierigkeit, sein Leben zu meistern und dabei dem Evangelium treu zu bleiben.“

Jeanne-Marie, mit einem Augenleiden:
„Für die Fernsehzuschauer, aber auch für diese ganz Welt der Künstler, der Du entstammst, ja, für sie kannst Du Gott tanzen! Gewiß, auf dem Lebensweg gibt es die Augenblicke der Prüfung, für das Menschsein und für den Glauben. Der Ruhm, der Körper usw. können auch Steine des Anstoßes sein. Sein Leben für Gott wagen, das ist die Mitgift jener, die in ferne Länder aufbrechen. Jedes Leben ist ein Stück Wagnis. Jesus hat etwas ‚gewagt‘, als er Mensch unter Menschen war. Also, ich möchte Dir sagen: ‚Geh weiter voran! Wage es!‘ Jesus, er ist treu. Wenn Du Dich weiter auf ihn verläßt, dann kann Dein Leben ihn durch die Schwingungen Deines Seins offenbaren.

Durch meine Behinderung habe ich vieles über meinen Körper erfahren, auch bei der Wiedergewinnung meiner Sehfähigkeit, so daß ich mich Dir sehr nahe fühle.

Mireille, Du hast mich sicher mehr als einmal im Karmel in Dein Gebet aufgenommen. Heute verspreche ich Dir meine Verbundenheit bei allem, was Du Dir vornimmst."

Aus der Schweiz schreibt Stéphanie:
„Als ich Sie am vergangenen Abend im ‚Grand Échiquier' tanzen sah, hat es mich stark gepackt und ich fühlte mich in das Jahr 1961 zurückversetzt.

Ich war damals zwanzig Jahre alt und arbeitete als Praxishilfe bei einem Röntgenarzt im 17. Arrondissement. Durch mein Fenster konnte ich jenseits des Gartens einen Kurs für klassischen Tanz beobachten, und da ich von dieser Kunst begeistert war und sie einige Jahre fleißig praktizierte, wagte ich es eines Tages, dort anzuklopfen und zu fragen, ob ich an einer Tanzstunde teilnehmen dürfe.

Sie waren da, in der ersten Reihe, entzückend mit ihren vielleicht fünfzehn Jahren. Sie tanzten nicht nur sehr gut, mit einer Anmut wie wenige der Startänzerinnen, sondern man spürte bei Ihnen eine Art von innerem Feuer. Ich habe damals eine der Teilnehmerinnen nach Ihrem Namen gefragt.

Eines Tages war ich anläßlich einer Aufführung zum 14. Juli in der Opéra, und Sie tanzten eine kleine Rolle, und obwohl ich weit von der Bühne entfernt war, habe ich Sie wiedererkannt. Einige Jahre später habe ich in der Zeitung gelesen, daß Sie ins Kloster eingetreten sind, aber ich habe nie Ihren Namen, Ihr blondes Haar, Ihren Auftritt auf der Bühne vergessen. Inzwischen sind 22 Jahre vergangen... Sie sind noch immer schlank und hinreißend. Sie haben offensichtlich ihre Anmut nicht verloren.

Welche Freude muß es für Sie sein, Kindern das Tanzen zu lehren! Ich habe es auch einige Zeit getan, und es hat mir viel persönliche Freude gemacht. Und jetzt lehre ich seit fünf

Jahren... den Katechismus bei sieben- bis achtjährigen Kindern.

Führt das Tanzen zu Gott? Warum nicht. Auf jeden Fall versetzen wir uns in die Gegenwart des Irrationalen, wenn wir eine Kunst praktizieren oder wenigstens begleiten."

Andere Fernsehzuschauer haben an Jacques Chancel geschrieben. Wählen wir den Brief von *Françoise* aus:

„Vor 25 Jahren befand ich mich in der gleichen Situation wie Mireille, ich war glücklich, im Dienst des Herrn zu stehen, und von außerordentlich großer Ausstrahlung wie sie. Doch unglücklicherweise war damals das Tanzen den Oberinnen von Klöstern sehr verdächtig, so daß man mich ersuchte zu wählen: Gott dienen oder tanzen. Ich wollte im Dienst des Herrn bleiben, zu meinem Unglück, denn man verstand mich nicht und hat mich zurückgeschickt, als sei ich vom Teufel besessen. Gestern abend habe ich mit großer Freude festgestellt, daß im Ordensmilieu eine beträchtliche Wandlung stattgefunden hat, und ich habe gedacht, welche Chance es für Mireille Nègre ist, 25 Jahre später geboren zu sein. Niemand auf der Welt wird bezweifeln, wie sehr es weh tut, wegen seiner Kunst abgewiesen zu werden — erst recht, wenn man 20 Jahre alt ist. Ich konnte mir nur ein Leben neu aufbauen oder vor Kummer sterben!"

Eine *Fernsehezuschauerin aus Montauban* schickte Mireille ihren Zuspruch ohne Namensnennung:

„Sie dürfen dabei nicht stehenbleiben! Sie müssen weitermachen. Sie haben uns einen Schimmer von göttlichem Licht gezeigt. Das Licht, das in Ihnen ist, haben Sie schwer errungen, aber Sie haben Ihre Wahrheit gefunden.

Sie können etwas Erhabenes ausdrücken, Kunst und Seele vereint; eine Botschaft freizusetzen durch das Tanzen, das bei

Ihnen eine Verklärung des Körpers ist, ein Gebet, das Sie Gott darbringen. Ja, gehen Sie in die Krankenhäuser, die Gefängnisse, dort werden Sie die Seelen anrühren! Gehen Sie in die heute leeren Kirchen, und Tausende von Menschen werden dorthin zurückkehren. Nicht um einer Aufführung beizuwohnen, sondern um mit Ihnen zu beten."

Sylvie, acht Jahre alt, schreibt an ihre Tanzlehrerin:
„Ich weiß, daß Du gut tanzen kannst, aber da, im Fernsehen, ich glaube, Du hast noch nie so gut getanzt! Am Montag saßen wir alle mit Mama und Papa am Fernsehapparat, ungeduldig, Dich zu sehen. Als ich Dich tanzen sah, habe ich vor Freude geweint. Du mußt sehr zufrieden gewesen sein. Und nochmal: Wie gut kannst Du tanzen! Viele haben Dich in Vouvant im Fernsehen gesehen. Da bin ich ganz sicher. Man hat über Dich gesprochen am letzten Samstag. Ich war bei einem Leichtathletikwettbewerb, und einer der Leiter war, wie ich, begeistert von so viel Anmut."

Tanzen in Rom

Mireille kehrt nach Vouvant zurück. Alle erwarten das Wunderkind. Das ganze Dorf drängt sich an der Klosterpforte, die Schwestern, die Kinder der Gemeindeschule und ihre Eltern. Da ist sie endlich, diese schlanke und bleiche Gestalt, die an einem Märztag über die Bildschirme huschte. Strahlend umarmt Schwester Mireille ein ganzes Dorf in Festtagsstimmung.
Mit neuem Eifer nimmt sie die Tanzkurse wieder auf, mittwochnachmittags für die Kinder, samstags für die Erwachsenen... Aber da taucht erneut die Frage auf nach ihrer Zukunft als Ordensfrau. Mireille hat noch immer nicht die ewigen Gelübde abgelegt. Im Dorf nennt sie jeder „Schwester Mireille". Besonders die Kinder. Man erkennt sie von weitem im braunen Kleid,

*das sie selbst gemacht hat, und mit dem kleinen, violetten Schleier.
Doch für die Kirche ist sie weder Karmelitin noch Visitantin.
Nicht einmal Ordensfrau. Was ist sie also? Nichts? Doch. Ein
Fall!*

*Liebenswürdig und ein bißchen mutig hatten sie die Visitantin-
nen von Vouvant aufgenommen, als sie aus dem Karmel aus-
trat. Ihre unumstößliche Absicht, Gott in einer Ordensgemeinschaft zu dienen, hatte sie bewegt und überzeugt. Als die Schwestern Mireille ihre Pforte öffneten, brachten sie Mireille jene
„Wärme der Kirche" entgegen, die sie nicht mehr entbehren
konnte. Sie übernahm auch einige Verpflichtungen des klöster-
lichen Lebens: Hausarbeiten, Dienste, Chorgebet. Und dann
hatte sie das Tanzen. Schwester Thérèse, die Oberin des Klosters,
hatte keine Einwände. Aus Respekt, wohl auch aus Zuneigung.
Sie hatte sogar akzeptiert, daß dieses Tanzen außerhalb der Klo-
stermauern stattfand. Ja, sie war das Wagnis eingegangen...*

*Welches Wagnis? Daß Mireille ohne Begleitung war, wenn sie
tanzte. Je mehr sie mit ihrem künstlerischen Apostolat an die
Öffentlichkeit trat, desto schwieriger wurde unvermeidlich ihre
Stellung in einem traditionellen Orden. Schwester Thérèse war
einverstanden, daß Mireille Tanzkurse gab, das Kloster verließ,
um öffentlich aufzutreten, und mit Journalisten zusammentraf.
Die Oberin akzeptierte all das... Aber das Leben der Kloster-
gemeinschaft geriet dadurch doch ein wenig durcheinander. Die
Oberin zweifelte nicht am Glauben ihres Schützlings; auch
nicht an der Sendung, die Mireille mit ihrer Kunst erfüllen
wollte. Aber gerade diese künstlerische Begabung, diese beson-
dere Berufung war unvereinbar mit der Lebensform und der
Ordensspiritualität der Visitantinnen. Schwester Thérèse hatte
häufig mit Mireille darüber gesprochen. Ein schwieriger Dialog.
Wie konnte es anders sein? Für Mireille war die Frage des
Ordensstatuts, bei allem Verständnis, doch zweitrangig. Sie
wollte vor allem Zeugnis geben. Sie wurde bewegt durch jene*

innere Kraft, die die wahren Romantiker hervorbringt. Mireille, die Romantikerin Gottes.

Im Mai 1983 bekam Mireille eine Einladung des italienischen Fernsehens, eine Folge der Sendung von Jacques Chancel. Welche Chance! Zu dieser Zeit feierte Papst Johannes Paul II. seinen 63. Geburtstag. Rasch entschlossen packte Mireille die Koffer. Mit einer Idee im Hinterkopf... Nicht nur dem Papst begegnen, sondern vor ihm tanzen! Es gibt Ideen, die Wirklichkeit werden. Wodurch? Die einen nennen es Zufall, Magie, Schicksal, die andern Vorsehung...

Die Sendung des italienischen Fernsehens RAI steht am 17. Mai auf dem Programm. Am Vorabend des Papstgeburtstages. Mireille fährt voller Erwartung ins Fernsehstudio, wie ein Kind, das zum ersten Mal in die Ferien, ans Meer geht. Sie tanzt im Studio, auf dieser Insel, die von farbigen Scheinwerfern ausgeleuchtet wird, vor Millionen von Italienern, sie ist überrascht, erstaunt.

Beim Tanzen dachte ich an den Papst. Ich habe inständig für ihn gebetet. Der Heilige Vater verdiente es, daß ich ihm das Ergebnis all meiner Bemühungen anbot. Das Tanzen, das war mein Blumenstrauß. Dieses „Amen", das ich zu Christus sagte, sollte ihn an diesem Abend lächeln lassen, den Mann, der die Last der ganzen Kirche auf den Schultern trägt.

Am nächsten Tag, dem 18. Mai, geht Schwester Mireille auf den Petersplatz, um an der wöchentlichen päpstlichen Audienz teilzunehmen. Mehr als 40 000 Menschen sind versammelt und erwarten die inzwischen allen bekannte Gestalt des Papstes. Dann kommt er. „Guten Geburtstag, Johannes Paul." Die Menge überschlägt sich vor Begeisterung. Der Papst lächelt, winkt und wendet sich dann den Menschen zu. Mireille hat Glück, sie steht in der ersten Reihe.

Ich beobachtete, wie der Papst näherkam. Nun sah ich endlich, was ich im Karmel in den Zeitungen gelesen hatte. Er
nahm Kinder in den Arm. Er küßte die Kranken. Er schüt-
telte Hände. Er schien ganz Ohr zu sein für das, was die
Leute sagten. Ich war so bewegt, daß ich mich fragte, ob ich
den Mut hätte, ihn anzusprechen. Zu spät! Er stand schon
vor mir. Er sah mir gerade in die Augen, da rief ich: „Heiliger
Vater, ich habe gestern abend nur für Sie getanzt!" Nach
einem Augenblick der Verwunderung lächelte der Papst, legte
seine Hände auf meinen Kopf und sagte: „Gott möge Sie seg-
nen." Dann ging er weiter.

Ich war schockiert. Gewiß, ich hatte ihm nichts Besonderes
gesagt. Aber der Heilige Vater hatte mich gesegnet. Als er
mir die Hände auf den Kopf legte, war es, als begrüße und
anerkenne mich die ganze Kirche. Ich glühte.

Ich hatte mich kaum etwas gefangen, da sah ich den Heiligen
Vater von der anderen Seite zurückkommen. Ich täuschte
mich nicht, er kam auf mich zu. „Sie sind Französin, glaube
ich... und Sie tanzen?" Wir sprachen kurz miteinander, dabei
konnte ich das außergewöhnliche Gedächtnis und vor allem
das aufmerksame Zuhören des Papstes feststellen. Ich hatte
den Eindruck, daß er vage über meine Situation informiert
sein mußte. Aber das ist nur mein ganz persönlicher Eindruck. Tatsächlich üben ja nicht viele Ordensfrauen auf der
Welt ihr Apostolat durch Tanzen aus!

Diese unerwartete Begegnung mit dem Papst verdoppelte
meine Kühnheit. Da ich schon in Rom war, sollte ich auch
die Gelegenheit zu einer Besprechung mit Prälaten der Kurie
wahrnehmen. Warum nicht? Das war eine nie wiederkeh-
rende Gelegenheit, meinen Fall zu erklären und mir Rat zu
erbitten. Ich wurde jedesmal sehr höflich, ja freundschaft-

lich empfangen. Es bewegte mich, daß ich als „Schwester Mireille"
angesprochen wurde. Hier in Rom bestärkte mich diese
Anrede wie nirgends sonst auf der Welt.

Was haben die Prälaten zu mir gesagt? Der Papst liebe die
Künstler sehr. Er ist besonders sensibel für die verschiedenen
Ausdrucksmöglichkeiten der Kunst; und besonders der
christlichen Kunst. Und im Hinblick auf meine Ordensberufung? Man bestätigte mir, daß es in der Kirche keinen Orden
gibt, der speziell für Künstler gegründet wurde. Außer in
einigen Ländern der Dritten Welt. Für meine Gesprächsteil-
nehmer ergab sich durch meine Berufung eine interessante
Frage. Man versicherte mir, daß sie weiter verfolgt würde.
Ich verließ Rom mit der Gewißheit, daß die Offenbarung der
Schönheit Gottes durch das Tanzen tatsächlich notwendig
war. Aber ich mußte mich mit Kühnheit und Geduld wapp-
nen. Meinen geistlichen Kampf würde ich mit bloßen Händen führen. Ohne bergende Strukturen, vielleicht mittellos?
Allein, zweifellos. Dabei gibt es keinen Gegner. Ich kämpfe
gegen niemand. Kämpfe nicht einmal für eine Idee, noch
weniger für Interessen. Ich kämpfe für einen: Christus.

Abschied von Vouvant und neue Aufgaben

*Bei ihrer Rückkehr in die Vendée erwartet Mireille eine neue
Prüfung. Die Atmosphäre in Vouvant, im Dorf und in der
Umgebung, hat sich unmerklich gewandelt. Gerüchte gehen um.
Schwester Mireille wird zur Zielscheibe von Hohn und Vorwür-
fen. Das stockkonservative Milieu wendet sich gegen diese Frau,
die sich als „Schwester" ansprechen läßt und es gar nicht ist.
Mehr noch, welcher Skandal! Sie benutzt ihren Körper, angeb-
lich um das Evangelium zu verkünden. Andere, selbst auf-
geschlossenere Christen der Region hegen Zweifel an ihrer Glaub-*

würdigkeit. Man findet sie zerbrechlich, naiv, von vorneherein verloren.

Das ist schwer zu ertragen. Ein Kreuz! Es ist zweifellos besser, wegzugehen und woanders seinen Weg zu suchen. Wieder einen liebgewonnenen Ort verlassen. Die Verbindungen abbrechen; sogar mit den Kindern, mit denen Mireille Gott tanzte. Doch sie muß abreisen. Schwester Thérèse schlägt ihr vor, im Dorf eine Wohnung zu mieten. Sie lehnt ab. Sie ist bereits woandershin gerufen. In diesem Sommer 1983 wird sie zu den Tanz- und Musik-Festivals in Avignon, Carpentras und Bagnoles-de-l'Orne eingeladen. Unglaublich! Wird Schwester Mireille im Milieu der Künstler besser verstanden als in ihrer wahren Familie, unter den Christen? So ist es. „Meine Wüste wird so lange dauern, wie Gott will." Schwester Mireille, „eine Zigeunerin", verläßt Vouvant, verfügbar wie nie, um ihr Zelt woanders aufzuschlagen...

In Avignon und Capentras arbeitet sie mit der „Compagnie des Ballets Golovine" zusammen. Das sind langjährige Freunde. Cathérine ist die Schwiegertochter von Solange Golovine, einer der bevorzugten Lehrerinnen von Mireille. Die beiden gestalten eine Choreographie des Magnificat *von Johann Sebastian Bach. Am Abend der Premiere, dem 15. Juli, schreibt Schwester Mireille ganz frisch ihre Eindrücke nieder.*

Cathérine und ich haben da etwas sehr intensiv gestaltet. Das Ganze bekam einen bestimmten Akzent durch die spiralförmige Architektur der kleinen Kapelle des Oratoriums, in der wir getanzt haben. Diese Kapelle ist ein wirklicher Chorraum zum Tanzen! Die Gestaltung des *Magnificat* entsprach einer tiefen Sehnsucht in mir: Kunst und Glaube zu verbinden. Eine Kunst, die nicht nur ästhetisch, sondern auch symbolisch der Ausdruck meines Glaubens als Form des christlichen Apostolats ist. Allerdings, die christliche Kunst muß sich hohen künstlerischen Anforderungen stellen. Sonst fehlt auch der Ausdruck des Sakralen. Er ergibt sich nicht von selbst. Im Tanz des *Magnificat* wird der Ausdruck zur Kontemplation. Ich will damit sagen: Das ist Bewegung, die zur Extase wird, das heißt man übersteigt sich selbst, ins Licht des Glaubens.

Ich biete diesen Tanz allen an, die in dieses Licht des Glaubens eintauchen wollen, damit sie in die christlichen Geheimnisse eindringen können — auf den unermeßlichen Weiden des Guten Hirten.

Die Tänzerin, im *Magnificat* eine lebende Ikone, wird zur „Arbeiterin an der göttlichen Harmonie", zur „Übersetzerin der Einheit mit Gott", zur „Botschafterin dessen, was von oben kommt".

Ja, all das ist sie, damit die Dinge hier unten sich erheben, nicht Rücken an Rücken, sondern Seite an Seite, ihrer einzigen Quelle entgegen. Zu Gott, der sie alle geschaffen hat. Im *Magnificat* überträgt sich eine Schwingung von Gott auf die Tänzerin, die lebende Ikone, damit alles zum voll Mensch gewordenen Göttlichen zurückkehrt.

Tanzen im Kloster

In Avignon kann Schwester Mireille endlich aufatmen. Sie wirkt begnadet. Das Publikum spürt das. Man erkennt sie auf der Straße, bittet sie um Autogramme. Man kommt in den Pausen zu ihr, einfach um ihr „Danke" zu sagen. Der Karmel von Avignon beherbergt sie während der ganzen Dauer der Festspiele. Sie wohnt in einem hübschen kleinen Appartement, das zum Karmel gehört.

Schwester Mireille fährt mit dem Fahrrad zu den täglichen Proben. Ein gutes Training. Aber auch eine Gelegenheit, die Landschaft zu genießen, die nach Lavendel duftet. Das ist ohnehin

ihr bevorzugtes Parfüm. Kurz gesagt: Schwester Mireille ist
glücklich. Eine Überraschung steht ihr noch bevor. Bevor das
Festival zu Ende geht, bittet sie die Oberin des Karmel, im Klo-
ster vor dem Konvent zu tanzen. Wunderbar! Gott hat noch
Überraschungen für seine Tänzerin!
Im August fährt Schwester Mireille in die Normandie. In
Bagnoles-de-l'Orne lernt sie Françoise Legrée, den kommenden
Star der Opéra von Paris, kennen. Sie verstehen sich gut. Sie
sind die Solisten des „Balletts über ein Konzert" für Trompete
und Orgel. Vivaldi, Bach, Tschaikowsky. Die Aufführung ist
ein Erfolg. Die Öffentlichkeit entdeckt nach zehn Jahren Mireille
Nègre wieder. Sie ist keine Tänzerin wie die andern. Auch
keine Ordensfrau wie die andern. Diese schlanke und grazile
Frau mit langem Haar und leuchtenden Augen irritiert,
erstaunt, überrascht. Wie das kleine Holzkreuz, das sie am Hals
trägt. Ihr einziger Schmuck. Schwester Mireille trägt es nicht aus
Frömmigkeit, sondern um zu sagen, auszurufen: Alles Schöne
gehört Gott. Dieses kleine Kreuz, das sich mitgewegt, wenn sie
tanzt, ist die wirkliche Herausforderung für Schwester Mireille.

Gott hat mir den Körper einer Frau gegeben

Man fragt mich heute oft: „Wer sind Sie eigentlich?" Ich ant-
worte zuerst: eine Frau. Die Fragenden lächeln immer, wenn
sie hören, daß eine Ordensfrau zuerst ihr Frausein nennt. Ich
verstehe nicht, warum sie lächeln. Persönlich fühle ich mich
als Frau vollkommen wohl. Ich bin keine militante Feminis-
tin. Aber ich bin Frau.
Hätte ich mein Frausein aufgeben sollen, als ich mich zu
Christus bekehrte? Sicher nicht. Gott hat mir den Körper
einer Frau gegeben. Ich muß ihn dazu verwenden, sein Lob
zu singen. Gott hat mir die Begabung zum Tanzen gegeben.

Ich muß mit dieser Gabe Frucht bringen. Gott fordert von mir, daß ich ihm mein Leben ganz weihe. Daraus ergeben sich für mich Folgerungen. Zuerst, daß ich ehelos lebe, um ihm besser dienen, ihn besser lieben zu können, um mich der Welt total verfügbar zu machen. Warum sieht man ständig einen Gegensatz zwischen Ehelosigkeit und Frausein? Soweit ich sehe, wird die Ehelosigkeit des Mannes nicht in Frage gestellt. Warum die einer Frau?

Eine Ordensfrau ist eine Frau, die nur Gott gefallen will. Das ist eine absolute Wahl. Ohne Bedingung. Unwiderruflich. Aber verlangt Gott deshalb, daß man sein Frausein aufgibt? Ich glaube das nicht. Eine Ordensfrau muß nicht unscheinbar daherkommen. Sollte sie nicht als lebendiges und sichtbares Zeichen der Liebe Jesu eine frauliche Frau sein? Eine starke Frau? Eine leuchtende Frau?

Das Aussehen gehört also dazu. Selbst wenn das Wesentliche des Ordenslebens zuerst spiritueller Natur ist. Doch die Ordensfrau ist auch ein Zeuge. Und welch ein Zeuge. Warum sollte man nicht versuchen, schön zu sein in seiner Armut? Sich in hübsche Farben zu kleiden? Die Farben sind nicht, wie man allzu selbstverständlich behauptet, Zeichen des Reichtums. Da täuscht man sich. Farben können Zeichen der Auferstehung, der Freude, der Dynamik sein. Warum kann man auf solche Weise nicht öffentlich für die Liebe und die Schönheit Gottes Zeugnis geben?

Schauen wir die Kinder an! Ihre Vorliebe für Farben und bunte Kleider. Das hat einen Sinn. In Vouvant verteilte ich an meine Schüler Zeichnungen oder Bilder, um sie für ihre Anstrengungen zu belohnen. Gewiß, eine Kleinigkeit. Aber sie fanden das schön. Ich wage sogar zu behaupten, daß diese kleinen Geschenke genügten, um ihnen Mut zu machen und um ihnen zu helfen, beim Tanzen Fortschritte zu machen. Ja, Farben können einem Kraft geben.

Eine Ordensfrau sollte sich in ihrem Frausein nicht gefallen oder sich darüber beklagen, sondern es ganz annehmen. Frau sein bedeutet für mich nicht, wie ein Mann zu werden. Indem man sich zum Beispiel die Haare kurz schneidet. Das gleiche gilt für die Ordensfrau. Ich kann mir die Jungfrau Maria nicht mit abgeschnittenen Haaren vorstellen. Die Maler und Bildhauer haben sie immer mit üppigem und schönem Haar dargestellt. Selbst unterm Schleier. Ist es Koketterie, wenn man die langen Haare bewahrt? Koketterie ist etwas ganz anderes. Das ist ein Suchen, eine Form der Verführung. In meiner Jugend war ich kokett. Sogar bis zum Exzeß! Ich liebte leidenschaftlich bunte Bänder, Ringe, Halsketten und Armbänder. Ich war auch keinesfalls unempfänglich für die Komplimente, die man mir machte. Seit meiner Umkehr zu Christus habe ich nach Möglichkeiten gesucht, mein Glück auch nach außen zu zeigen. Vielleicht wird man mich deshalb auslachen! Aber ich trage anstelle von Ohrringen jetzt zwei Medaillen. Lächerlich, wird man sagen! Doch das ist meine Art zu sagen: „Ich liebe!" Eine Verlobte trägt gern ein kleines goldenes Kreuz am Hals, das der Geliebte ihr geschenkt hat. Ein Priester erregte sich einmal derart, daß er mich aufforderte, die Medaillen von den Ohren abzunehmen. Zum erstenmal machte ich einen Akt des Gehorsams, im Namen Jesu. Aber ich gestehe, daß mich dieses Opfer viel kostete.

Heute habe ich die Möglichkeit, mich zu kleiden, wie ich es für recht finde. Ich versuche mich immer einfach, aber hübsch anzuziehen. Auch in meinem Erscheinungsbild will ich Zeuge Christi sein. Christus selber trug ja ein Gewand ohne Naht. Das heißt doch: ein einfaches Kleidungsstück, aber für seine Zeit von einer gewissen Eleganz. Seit ich nicht mehr das Ordensgewand und den violetten Schleier trage, ziehe ich gerne lange, bunte Kleider an. Jesus, der Auferstandene, den ich tanze, ist nicht nur mein Choreograph, sondern leitet mich auch an bei meiner Kleidung. Ich nähe mir viele Kleider selbst. Ich habe eine Vorliebe für Stoffe in Frühlingsfarben. Und besonders für violett. Ich bevorzuge sie, weil sie Symbole der Auferstehung sind. Ich kleide mich so für Jesus. Und für die Welt. Nicht um der Welt zu gefallen. Aber auch um in der Welt eine lebendige Ikone zu sein für die Liebe und Freude Gottes.

Askese als äußerste Hingabe meiner lebendigen Kräfte

Die Strenge, die der Kern des Ordenslebens ist, verstehe ich als eine Form der inneren Askese. Sie ist Disziplin. Für mich bedeutet sie äußerste Hingabe meiner lebendigen Kräfte. Sie ist Herausforderung für mich. Ich glaube, es ist nicht gesund, diese Strenge sichtbar zu machen. Indem man zum Beispiel einen tristen Ordenshabit trägt. Jesus ist es wert, daß eine Frau sich schön macht für ihn. Um ihn zu feiern und ihn in der Öffentlichkeit anzukündigen.

Ich liebe ihn so sehr! Diese Liebe ist derart mächtig! Wie soll ich mich ausdrücken? Gott bricht nie mit den Menschen. Was sie auch tun mögen! Trotz ihrer Undankbarkeiten, ihrer Schwächen, ihres Unglaubens. Er ist Liebe. Nur wir können mit ihm brechen. Diese Freiheit haben wir. Wir benutzen sie oft und vielfältig. Aber Gott bleibt immer Liebe. Mich bringt er Tag für Tag außer Fassung. Seine immer neue Geduld, seine Barmherzigkeit sind die Triebkräfte meines spirituellen Kampfes. Die Kunst will nicht alle Widrigkeiten der Erde vergessen machen. Jemand hat gesagt: „Der Künstler ist ein Schöpfer von Kunstwerken. Die Kunst ist deshalb eine neue Wirklichkeit, die er dem Weltall hinzufügt." Der Künstler suggeriert nicht die Flucht. Er sucht die Menschen in das Flechtwerk Gottes einzubeziehen. Damit sie nicht vergessen, daß Gott Liebe ist. Das heißt: Indem die einen die andern mehr lieben, lieben sie Gott.

Der heilige Paulus sagt: „Alles, was schön ist, gehört Gott." Das Zweite Vatikanische Konzil bestätigt ebenfalls: „Die Schöpfungen des Menschen sollen dem heiligen Sakrament dargebracht werden." Das ist mein Bestreben. Gott tanzen, um die Welt und die Kirche daran zu erinnern, daß die Kunst zuallererst ein Gut Gottes ist. Ich hoffe, dem alle meine kommenden Lebensjahre widmen zu können. Es ist dringend nötig.

Unsere Welt ist zerstört durch Gewalt, Tyrannei, Intoleranz, Arbeitslosigkeit. Krise nennt man das. Nicht nur eine materielle, sondern eine geistige Krise. Das ist die große Leere. Keine Hoffnung scheint fähig zu sein, der gegenwärtigen Welt wieder Mut zu machen; wenigstens die verständliche Unruhe der Menschheit zu dämpfen. Die ratlose, verzweifelte Welt ringt mit dem Tod. Die Angst gebiert immer die Gewalt, in all ihren Formen. Alle inneren Kräfte der Menschen sind mehr und mehr dazu eingesetzt, anzugreifen, zu zerstören. Zuflucht zu den Waffen, Ansteigen des Rassismus, alle Formen der Intoleranz. Da ist das Elend der arbeitslosen Menschen, besonders der jungen, und all derer, die zu Lasten unserer kranken Gesellschaft gehen. Und die Dritte Welt rückt uns näher.

Mein Tanzen soll die Menschen einen Augenblick
Gott näherbringen

In der Nacht, die sich zunehmend dunkler über die Völker und Nationen senkt, bleibt noch immer und allein die Möglichkeit, die geistliche Wirklichkeit des Kreuzes zu betrachten. Dieser Gott, vom Blut der Liebe gezeichnet, ist die einzige Hoffnung für die Menschheit. Das Tanzen kann ein Spiegel sein, der jeden Mann und jede Frau einlädt, Christus am Kreuz zu betrachten. Um zu sich zu kommen. Um sein Herz den andern, das heißt Gott zu öffnen. Mein Tanzen soll jenes Glas Wasser sein, den Reichen wie den Armen angeboten, damit sie wieder Geschmack am Leben finden, damit ihr Durst nach Gewißheit wächst. Und sei es nur für einen Augenblick. Wenn das Tanzen die Menschen auch nur einen Augenblick in dem betäubenden Lärm der Welt Gott näher bringt. Wenn es sein Schweigen hörbar, seine Liebe spürbar macht.

Meine Aufgabe ist mühsam, ich weiß es. Doch warum Angst haben? Ich kenne meine Schwächen, meine Zerbrechlichkeit, meine Verwundbarkeit. Ich versuche einfach, an der Seite Jesu voranzugehen. Aber voranzugehen, koste es was es wolle... Getreu dem Evangelium, und in der Kirche; meiner Möglichkeiten und meiner Grenzen bewußt. Aber: „Herr, mache daß ich gehe", daß ich allen meinen Brüdern begegne und ihnen die Hand reiche!

Meine Aufgabe ist — wie die aller Christen — auch mühsam in dieser Welt, die der Botschaft Jesu soviel Widerstand entgegensetzt. Diese Hoffnung, der sie sich widersetzt, die sie Angst hat zu hören — ich will sie ihr ankündigen, indem ich tanze. Ich versuche der Welt ein Ideal der Schönheit, Güte und Liebe anzubieten. Alle meine Kräfte sind nur darauf gerichtet, an dieses Ideal zu erinnern.

Die Kirche mit dem Tanzen wiederversöhnen

Ich möchte die Kirche mit dem Tanzen wiederversöhnen. Und mit der Kunst allgemein. Da für mich Tanzen und Glauben eins sind, bleibt noch alles zu tun. Der Tanz ist kontemplative und liturgische Handlung. Und ebenfalls eine apostolische, denn er wendet sich an die Welt. Zweifellos mehr als jede andere Kunst, ist das Tanzen Trägerin der Frohen Botschaft vom Reiche Gottes, das in uns und unter uns gegenwärtig ist. Wird die Kirche meine Opfergabe annehmen, meine Kunst, diesen Schrei einer Frau, die Christus mehr liebt als alles?

Ich träume davon, in Krankenhäusern, Kliniken, Gefängnissen zu tanzen. Überall, wo es Leiden, Schmerz, Einsamkeit gibt, will ich mein kleines Glas Wasser anbieten. Ich denke besonders an ältere Leute. An jene vor allem, die alles entbehren müssen: ihre Familie, die Gesundheit, die Freundschaft. Jene, denen alles mangelt! Man muß diesen Männern und Frauen, die nichts mehr erwarten als den Tod, die Hoffnung wiedergeben. Ich will ihnen den Tanz des Lächelns Jesu anbieten. Sie sind schon derart glücklich über einen einzigen Besuch! Das ist einer meiner schönsten Träume: Aufführungen vor Kranken und Alten. Mangels Hilfsmittel konnte ich diese Pläne noch nicht verwirklichen. Doch ich gebe nicht auf. Gott ist nichts unmöglich.

Ich bewundere sehr, was Mutter Teresa in den Sterbehäusern von Kalkutta tut. Ihre Sorge um die Ärmsten der Erde hat ihren Ursprung in der Bergpredigt. Die Seligpreisungen Jesu. „Selig sind, die Hunger und Durst haben nach Gerechtigkeit. Sie werden getröstet werden." Ich will dem Beispiel der Mutter Teresa hier und jetzt folgen. Das von mir angebotene Glas Wasser ist vielleicht weniger konkret: ein Tanz, ein Aquarell, ein Gedicht. Doch wir haben das gleiche Ziel: die Hoffnung zu wecken mitten im Herzen der Armut.

Die Armen! Sie begegnen uns überall. Am Rand der Großstädte, in unseren Straßen, auf dem Land. Zu all denen möchte ich gehen. Das Tanzen kann ihnen Friede und Freude bringen. Und dann gibt es noch die geistig Armen. Die mit den zerrissenen Herzen, die Unverstandenen, die an den Rand Gedrängten, die Ausgeschlossenen. All jene, die an mangelnder Liebe leiden. Ich muß auch zu ihnen gehen, ihnen meine Kunst anbieten. Ja, die sakrale Kunst muß immer zuerst zu den Ärmsten gehen. Wir wissen ja, daß der reichste Mensch auf der Welt der ärmste aller Menschen sein kann, wenn er nicht liebt und nicht geliebt wird.

Ich möchte es wagen, an allen Orten zu rufen: „Gott liebt Sie. Er läßt Sie nicht fallen. Ich kann Ihnen nichts anderes anbieten als einen Tanz, den ich mit meinen Armen, meinen Beinen und Füßen erarbeitet habe. Diese Arbeit habe ich für Gott getan, also für Sie, damit sich Ihre Augen und Ohren öffnen."

Oh mein Gott! Welche Kühnheit ist notwendig, um von zuhause fortzugehen, ohne ein Gitter, das sich vor mir öffnet, das sich hinter mir schließt. Welcher Trunkenheit muß ich mich anheimgeben und wie muß ich mich verlieren in deinem alterslosen Tanz? Einfacher Besuch bei dem Armen wie dem Reichen, bei dem Entblößten wie dem Wohlversehenen, dem Obdachlosen wie dem Wohlbehausten... Denn jeder, der durch die enge Pforte der Liebe geht, sieht dich, unseren Gott, nicht mehr in der Überfülle deiner Schöpfung, sondern unendlich klein in deiner Neu-Schöpfung. So kommst du zu ihm und bereitest deine Wohnung...

Ich hoffe aus ganzem Herzen, daß sich eines Tages die christlichen Künstler zusammentun, um dieses religiöse und künstlerische Ideal zu verwirklichen. Maler, Dichter, Bildhauer, Musiker, Tänzer. Alle, die Schönes schaffen, ruft Gott zusammen als seine Zeugen der Wahrheit und des Friedens. Es ist den Künstlern auch aufgetragen, neue Formen für den Ausdruck des Glaubens zu finden und sie der Kirche und der Welt anzubieten.

Für Mireille geht es jetzt darum, ihr Leben zu tanzen: im Rhyth-
mus der Gesichter und Landschaften, die ihren Weg begleiten.
Vielleicht tanzt sie für uns morgen, übermorgen...
Als ich sie an diesem Sommertag an der Baie des Anges verlasse,
denke ich an all jene, die eines Tages ihrem Tanze zuschauen
werden. Da denke ich an den Satz, den der Spiritual von Schwe-
ster Mireille in Vouvant geprägt hat: „Der Glaube ist unsicht-
bar. Aber hier konnten wir etwas davon berühren, sehen."
Diese ganz einfache Frau ist weder ein Leuchtturm noch ein
Funke. Sondern ein Leuchtkäfer, der die Nacht der Menschen
ein wenig aufhellt. Schwester Mireille tanzt für alle auf der
Erde, die dem ungläubigen Thomas ähnlich sind. Für all jene, die
mit ihren Händen, ihrem Blick und ihrem Handeln zweifeln
und hoffen.
Ja, für all jene, für uns, stimmt Mireille ihr Lebenslied an: „Ich
tanze, Gott, für dich."

Tanz
im Gottesdienst

Teresa Berger (Hg.)
Tanzt vor dem Herrn,
lobt seinen Namen

Einfache Beispiele für Gottes-
dienste und Feste im Kirchen-
jahr. Mit zahlreichen Darstellungen von Lydia Baßler
160 Seiten. Kst.

„Sicher gibt es keine einfache Erklärung für die Wiederentdeckung
von Bewegung und Tanz als Ausdruck unseres Glaubens in der heutigen Zeit. Ganz unterschiedliche Entwicklungen sind hier zusam-
mengekommen. Ein Punkt scheint mir aber wichtiger als alle anderen: Wir sind dabei zu lernen, daß Leiblichkeit und Bewegung
Grundausdrucksdimensionen unseres menschlichen Lebens sind —
und damit auch unseres Glaubenslebens. Wir können nicht an
ihnen vorbei Christen sein, wir streifen sie auch nicht ab, wenn wir
durch ein Kirchenportal treten. Als leib-hafte Menschen stehen wir
vor Gott, der selbst leib-haft Mensch wurde, um in der endgültigen
Vollendung uns nicht von unserem Leib, sondern eben diesen Leib
zu erlösen."   Teresa Berger

Dieses Praxisbuch bietet erste Einstiege in Tanz- und Bewegungsfor-
men, die im Gottesdienst oder bei Festen und Feiern in der Gemeinde
verwendet werden können. Meist sind sie sehr leicht zu erlernen, in
der Kirche oder im Saal ohne großen Aufwand auszuführen. Auch
Anfänger können die Tänze durch die zahlreichen, genauen Darstellungen von Lydia Baßler ohne Schwierigkeiten nachvollziehen.

Matthias-Grünewald-Verlag

Der Glaube im Alltag

Irmgard Bsteh
Perlen brauchen
Körperwärme
108 Seiten. Kt.

Man legt dieses außergewöhnlich persönliche Zeugnis betroffen aus der Hand. Vor allem deshalb, weil hier das eigentlich Evangelische am Evangelium, die Faszination an der „Perle" des Christus-Glaubens so wunderbar zum Leuchten kommt. Und es zeigt sich, wie erfinderisch, ja gläubig-schöpferisch das Leben angesichts der Perle machen kann: in der Wohngemeinschaft mit Strafentlassenen, im Umgehen mit alleingelassenen Frauen, in der Begegnung mit Ganz-anders-Denkenden, in der frei gewählten Medienarbeit (mit Autoren, Regisseuren, Programmgestaltern in Film, Funk und Fernsehen). Die aus „Entzücken über die Perle" frei gewählte Lebensform der Entsagung stellt, wer mit ihr in Berührung kommt, heilsam in Frage, provoziert.

Immer wieder muß ich beim Lesen denken an Madeleine Delbrel und ihr Wort: „Was wir glauben, interessiert die Leute unserer Umgebung meist nicht... Der Nachdruck ihrer Fragen, auch wenn sie stumm sind, richtet sich auf etwas anderes: Was bedeutet Glauben für euch?"

Genau auf diese Frage gibt dieses Zeugnis persönlich und überzeugend Antwort. Bücher der Gegenwart

Matthias-Grünewald-Verlag